開運・長寿のための

戒語・金言・名句集

本堂清 画/文

批評社

はじめに

人は生まれ育ちの生育（生活）環境によって、こころの持ち方や考え方が違うのは自然の成り行きです。氏より育ちとはよくいったもので、生育環境によって大きな影響を受けるものです。

そのため人間社会では有史以来、さまざまな社会摩擦が起きるのです。そうした世の中で人々は、少しでも世間様より豊かな生き方を求めて夢を抱きますが、それは平凡な生き方では、その人なりの思い描く夢の実現は望めません。

「竜門の魚」の諺があります。鯉は奔流する急斜面の波間を、運気を孕ませながら果敢に跳躍を挑み、ついには竜門に到達して竜となり、あこがれの天地に立つことができるといいます。

しかし、人によっては立身出世や富貴があこがれの天地とはかぎらないでしょう。また、あこがれの夢見た天地が必ずしも安楽地や極楽浄土とはかぎりません。浮き世の荒波にもまれて栄枯盛衰を繰り返すのが人生の常ですから。

人はそれぞれの立場において人生観や哲学をもっています。日々の生活のなかで、家族やさまざまな人間関係をとおして世間の種々相を知り、親からもらった心と身体を糧に、生きるための智慧と経験を積み重ねながら、良き人生を築こうとしているのです。

そのような観点から処世訓として、世上よく知られる「七福神」や「良寛戒語」を主として、先人が自分の体験にもとづいて遺した、戒語や故事、格言、禅語録などを選び、これからの人生を生き抜くために座右の銘として、これらの訓辞に絵をいれて平易に表現してみました。

この戒語・金言・名句集が読者のこころの安寧感を増幅させ、これからの人生の糧ともなれば望外の幸いです。

本堂　清

二〇一六年八月

開運・長寿のための

戒語・金言・名句集

目次

第二部

先人の叡智に学ぶ

第一部

戒語・金言・名句に学ぶ

七福神

幸福の概念は、人によって違いますが、健康、財産、長壽の満足度にあることに異論はないように思います。

この願いが民間宗教と結びついたのが七福神です。その思想は、仏典の仁王《にんのう》般若経で説かれている七難即滅、七福即生《そくじょう》から生まれたものといいます。はじめは七福神ではなく、それぞれ単独の神様として崇められていました。

室町時代になってから、縁起のよい日本の神様、仏様、儒教の神様、道教の神様が組み合わされて、七福神が誕生したようです。そして宝舟に乗る七福神とか七福神参りなどが流行して、今のように神社やお寺さんなどでも広く祀られるようになりました。

そこで七福神の個々の素顔を紹介することで、招福の手がかりを感じ取っていただき、ご利益にあやかられることを願うものです。

大国天

大国天はインドの神で、仏教の守護神です。日本では大国主神と習合して、いつのころから厨房の神として、恵比寿神と共に祀られるようになりました。

その姿は、頭巾を被り、大きな福袋を背負い、片手にはどんな頼みごとも叶えてくれる打ち出の小槌を持ち、二俵の俵の上に乗っています。二俵の上に座るのは、二俵で満足せよという「知足」の嘉訓の表現です。

頭巾を被るのは、上を見ない（野望を抱かない）という謙虚の教え、打ち出の小槌は「土」、すなわち、様ざまな物を生みだす大地を意味します。勤勉、努力で金銀財貨を産み出します。

恵比須神

漁業と商業の神様として信仰されます。

天照大神と兄弟で日本古来の神様です。狩り衣に風折烏帽子《えぼし》を被り、釣り竿を持ち、片手には鯛を抱いています。

その姿は「釣りして網せず」、一網打尽で暴利をむさぼらないことの教訓です。

一時的な利益を追求しないで、地味に、正道を踏んで商売すれば、事業は芽出たく繁盛します。大儲けは大損の裏返しになるかもしれません。

福禄寿

寿老人が南斗星なら、福禄寿は北斗星の精です。

福は幸運、禄は俸給、寿は長命、健康、あわせて福禄寿。

頭が長く、短い体、長い杖には人の寿命が記されていて、人の幸運と長寿を司《つかさど》っています。

お金を貯めても体力を損ねるとお陰がなくなります。

働けることに感謝しながら、社会に徳を積めば福徳が寄ってきます。

寿老人

寿老人は北斗七星の、ひしゃくに当たる南斗星の精といわれています。

一般的な姿は、千年を経ると黒色になる玄鹿《げんろく》を従い、人々の百邪を除き、生死禍福を司っています。

吉祥《きっしょう》止《し》止《し》という言葉があります。吉祥「人の世の吉」は、（むな）しきに止《とま》る。即ち自己の賢《さが》しらを捨てて、無心になるところに、この世のあらゆる幸福が集まってくるといいます。

布袋尊

福徳の布袋尊は、太鼓腹を出して、笑みを浮かべ福袋を肩にしています。

布袋尊は、お釈迦さまが入滅後、再び生き返り、五六億七千万年の間、お釈迦さまに代わって、民衆を救済してくれる弥勒菩薩《みろくぼさつ》の化身として信仰された中国の高僧です。

度量の大きい太っ腹、人の問いに真をもって耳を傾ける笑顔は、人の心に慈《いつく》しみを灯します。

毘沙門天

仏教を護る持国天、増長天、広目天の四天の一人です。仏法をよく聞くところから多聞天とも呼ばれています。

片方に如意宝珠の棒を持ち、一方には宝塔を持っています。憤怒の形相で、邪鬼を踏みつけています。宝塔は福をもたらす徳に通じ、如意棒は邪鬼を払い、財宝が意の如く叶うということです。

正当を重んじ、人の言うことに真面目に耳を傾け、進んで協力する姿に、人は人望と信頼を寄せます。

弁財天

七福神の紅一点、音楽、弁財、福智、延壽、勝徳の財と才を司る神で、元は印度の河川神ですが、普通は琵琶を弾じる姿が多いようです。

弁財天が祀られている湧水で貨幣を洗うと、銭が福銭となって、二倍になって戻ってくるといいます。

弁財天の音声は玲瓏《れいろう》、言葉は言魂《ことだま》といいます。やさしいお顔、やさしい言葉は、感情豊かな人柄の現れで、愛嬌は幸運を招きます。

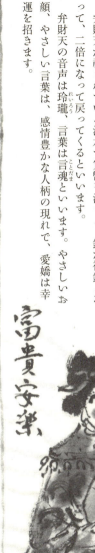

富貴安楽

如意宝珠
自らが
掃き
集めてぞ
福の神

良寛戒語

「良寛歌集」や子供との遊びなどで知られる良寛さんは、宝暦八年（一七五八）越後（新潟県）出雲崎の由緒ある家に生まれましたが、封建時代の政治権力に無情を感じて、十八歳で出家し、良寛と称し大愚《たいぐ》と号したと言われています。二十三歳から諸国を行脚し、四十歳頃郷里に帰って、近辺の五合庵に住み、無一物の托鉢生活の中で、子供たちと毬つき、かくれんぼなどをして、風雅を友として、生涯寺を持たずに七十四歳の生涯を終えています。

良寛さんは、禅僧としての仏道を究め、書、漢詩、和歌では、独自の風格ある作品をのこして、孤高静寂に生きた聖人として、今も多くの人にしたしまれています。

「良寛戒語」は、良寛さんが晩年になって、縁故の者たちに書き与えたもので、その中から今日ではそぐわないものを除いて収録してみました。お説教らしくない純真無垢な、優しい戒めの言葉がかえって人の心をうちます。

こと多き

何事も、やたらと必要以上に口をはさむ人がいます。また、人の会話に横から口をはさむ人は、幼児性が抜けきれずに自己顕示欲が強く、自己中心的で我が強く、人から信用されません。余計な口はさみは人を傷つけることもあり、迷惑千万です。

口の早き

早耳で他人から聴いたことを、さも自分で見てきたようにしゃべる人がいます。この手の人は信用されませんが、他人から聞いた話をそのまま他の人に横流しする人はもっと信用されません。言ったことが取り返しのつかなくなることもあります。自粛すべきです。

手がら話

たいしたことではないのに、自分がこうしてやった、ああしたやったと自慢気に吹聴する人がいます。自慢話くらい相手を辟易させるものはありません。でも、自慢話を聞いてあげる人になると、人から好かれます。本当に自慢できるほどの事なら自慢しなくても誰にでも認められるのですが。

話の長き

意味のないどうでもいいことをくどくどと長話する人がいます。うっかり質問すると、さらに同じことをはじめから話始めます。こういう人は自己中心的で相手のことを気遣うことがありません。話題を変えて、その場から逃げるのが賢明です。

講釈の長き

面白くもない由来、因縁話を繰り返しお説教のように延々と話続ける人がいます。こういう人は相手の迷惑を顧みることはなく、唯《ゆい》我《が》独尊《どくそん》的で迷惑千万です。周りの人は、耳をふさいで右から左へ聞き流すほかありません。用事をつくって失礼するのが得策です。

いさかいの話

若い頃、強者《つわもの》だった自分が正義感でいかに戦ったかとまくし立てる人がいます。誰も知らない自慢話を得々としてほら吹く様は、猫に小判、暖簾《のれん》に腕押し、馬の耳に念仏、豚に真珠の類と思って聞き流すほかありません。

たやすく約束する

事の困難さを知らずに調子よく引き受けて、後で非難、叱責される人がいます。約束事は出来ることと出来ないことを確かめて、断ることも大切です。でも、断ることができない質《たち》の良い人にわざと引き受けさせる質の悪い人もいますから、約束事には用心することに越したことはありません。

人のものの言いきらぬうちもの言う

人の話の途中で自分の主張を横から差し込んで相手を無視する我の強い傲慢《ほうまん》な人がいます。「こと多き」人と同じ類の人で、このような人と付き合うには、その人の話に乗らないことです。事を荒立てないで、私の話も聞いて下さいと穏便に済ませることです。

事々しくもの言う

大したことでもない些細《ささい》なことを大袈裟《おおげさ》に言う人がいます。このような口はばったい人には、自分の信念をもたず、支配的な勢力や風潮に迎合して自己保身を図ろうとする傾向があります。このような人と付き合うには、どんなに凄い素晴らしいことでも大したことではないと冷や水をかけてやりたいものです。

よく心得ぬことを人に教える

たいした経験もないのに俄《にわか》仕込みの知識を吹聴して他人《ひと》に教えようとする人がいます。また、技術や経験がないのに知識をひけらかして得々としている人がいます。こうした人と付き合うには、ひたすら我慢して耐える以外にありません。

人の隠す事をあからさまに言う

誰でも他人にあまり知られたくない秘事があります。でも、世の中には人を貶《おとし》めようと、他人の秘事をあからさまに口外して嘲《あざわら》う質《たち》の悪い人がいます。このような時には黙然として天を仰いでいるほかありません。

推《お》し量《はか》りのことを真実になして言う

自分ではよく知らないことを勝手な想像で膨らませて事実のように言い触らす人がいます。こういう人は、表情は穏やかでも心の中は悪鬼《あっき》のように質《たち》の悪い恐い人です。笑顔の背後に見え隠れする悪巧みを見破るには、忍者のような透心術を習得する必要があります。

人の話を邪魔する

人と話し合っているところに割り込んできて、かかわりのない話をする人がいます。こうした人は自己主張の強い人で「こと多き」「人のものの言いきらぬうちもの言う」人と同類です。話し好きも度を超すと迷惑千万ですから気をつけましょう。

酒に酔うたふりしてことわりを言う

借金するときは恵比須顔でも、返済するときは酔ったふりして取り繕《つくろ》い、しらばくれる人がいます。同情すべき事情があるならまだしも、博打や遊興、飲酒で浪費して返済しないときは強面《こわもて》で談判することも必要です。でも、逆に脅かされて踏み倒される可能性もあります。要は貸したお金は戻ってこないと覚悟して貸すことです。

さしたることもなき事をこまごまと言う

たいしたことでもないのにくどくど言い立てる人がいます。「事々しくもの言う」人と同じ類で、同じ話を何度も聞かされる羽目になります。こういう人と付き合わざるを得ない自分の運命を嘆くしかありません。

悪しきことと知りながら言い通す

間違っていることを言い通すのは悪いことだと知りながら、ああだからこうだからと辻褄合《つじつまあ》わせで誤魔化《ごまか》そうとする人がいます。身内の人が間違っていれば素直に謝ってしまえばいいのに、身内を守ろうとして無理を承知で禁戒《きんかい》を犯してまで庇《かば》う人がいますが、間違えている場合にはやんわりと非理を諭してやりましょう。

よくものの講釈をしたがる

「講釈の長さ」人と同じで、何でも知っているぞ、と言わんばかりに微に入り細にわたって喋りたがる人がいます。インターネットの時代に仕入れた情報は、誰でも知っているか、知ることに価値のない情報です。知が痴にならないように気をつけましょう。

好んで唐言葉（外国語）を使う

知識をひけらかすように、外国語のカタカナ語を得意気に使って教養を誇示したがる人がいます。英語圏の人が聞いても意味がわからない日本人だけに通用するカタカナ語で得意になっている様は、軽薄・蒙昧《もうまい》の誹《そし》りを免《まぬが》れないでしょう。こういう人と付き合うにはスワヒリ語をマスターして話かけてみるといいでしょう。

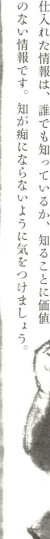

人のきずつくことを言う

人の前で意識的に相手の欠点をあげつらう人がいます。「下僕を使うに言葉のあらき」人と同じ類の人で、横柄で目立ちたがり屋で威張りたい幼児性の抜けきらない人ですから、君子危うきに近寄らず、です。

鼻であいさつする

挨拶は口と身振りでするものだが、鼻であしらうように尊大に振る舞う人がいます。犬は鼻で臭いを嗅いで尾を振ったり吠えたりして、挨拶らしきことをするようですが、こうした尊大な人は犬に見習って欲しいものです。

人のことわりを聞き取らずして己が理を通す

相手の言い分や理由を問うことなく、一方的に自分が正しいと言い張って罵倒する人がいます。こうした偏屈な人と付き合うのは一度だけでしょうから、災難に遭ったと思って堪え忍ぶほかありません。

都言葉を覚えてしたり顔でいう

土地の言葉を使わないで、都会人のように流行《はやり》言葉を使って得意気に身振り手振りで喋りまくる人がいます。滑稽だが、お高くとまって上から目線であまりいい感じがしません。こういう人には土地の言葉でお返しするに限ります。

よく知らないことを憚りなく言う

「よく心得ぬことを人に教える」人と同じで、したり顔で平気で出鱈目をいう人がいます。困ったものですが、聞かされる人は話し半分と思って聞くことです。こうした人とお付き合いできる人は、心が広くないと我慢できるものではありません。

わざと無造作に言う

何を聞いても知らんぷりして意地悪く対応する人がいます。尊大な反面、寂しがりやで、いわゆる臍曲《へそま》がりな人です。こういう人には笑い話をしてくすぐってやるのが一番です。苦虫を潰したような顔で笑い転げるくらい笑わせることです。

さとりくさきはなし

悟りを達観した人は、善悪の評価をしないものです。凡人は悟りの境地とは無縁ですから悟りきった話はしない方がよいでしょう。「茶人くさきはなし」と同じで、自分のありのままの姿をさらした話が相応しいのは言うまでもありません。

茶人くさきはなし

千利休は「茶の湯とは、ただ湯をわかし茶をたててのむばかりなることと知るべし」と教えています。茶道、花道などと形式に拘ることだけが「道」ではありません。お茶を飲むのに特別な飲み方はありません。自然体が本来の「道」なのです。

おれがそうした こうした

自分の手柄話のように、おれがこうしてやった、ああしてやったと恩着せがましく自慢する人がいます。本人はいい気分かもしれませんが、言われる方はせっかくの感謝の気持ちが半減するでしょう。

神仏のことを軽々しく さだこ（伝言）するな

神仏をむやみに誹謗してはいけません。殺生、偸盗《ちゅうとう》、邪淫《じゃいん》、妄語《もうご》、飲酒《おんじゅ》の五戒のなかでも、神仏を貶める妄語は五逆罪に値します。地域の人たちが畏敬してきた神仏を貶める言動は慎みましょう。そして神仏の行事は、誠実に務めたいものです。

腹をたてながら人にことわりを言う

頼み事があって久しぶりに会うと、恨み言のように昔話を持ち出して、散々悪口雑言《あっこうぞうごん》を言いつのる人がいます。自分には甘く、人を見下すような人は、薄情で狭量な心の人です。逆な立場に立つと誰からも相手にされません。気をつけましょう。

己が意地を通す

相手の人にも言い分があるのに、じっくり聞こうとしないで自分の意地を押し通そうとする人がいます。「人のことわりを聞き取らずして己が理を通す」人と同じで、片意地な人は根はいい人かもしれませんが、子どもじみていてお相手は勘弁して欲しいですね。

親切気にものを言う

さほど気遣っているわけではないのに、いかにも親切気にとりいって慰めや励ましをいう要領のよい人がいます。こうした人には注意すべきで安易に自分の気持や心の内を話したり相談することは避けた方がよいでしょう。

憂いのある人のかたわらで歌をうたう

常識のない人は困ったものですが、不幸な出来事に意気消沈している人の傍で、大声で喋ったり鼻歌を唄ったりして顰蹙《ひんしゅく》をかう人がいます。周りの人は注意するのも大人げないので黙っていますが、悪気がなくても失礼です。

人の顔色を見ずしてものを言う

心配ごとや困りごとのある人、悲嘆に暮れている人の心中に気付かない無神経な人から気易く話しかけられるのは不愉快です。よく相手の顔を見て対応するように心掛けたいものです。

推し量りにものを言う

他人のことを勝手な推測で話したり、憶測を交えて話す人がいます。とんでもない誤解を生んだり、噂が噂を呼んで大騒ぎになり刃傷《にんじょう》沙汰《ざた》になることもあります。「推《お》し量《はか》りのことを真実になして言う」人と同じ類ですから充分気をつけましょう。

人に物くれぬ先に何々やったと言う

その人から贈り物をして貰ったわけではないのにどうしたわけか、誰々に何々をやったと他人にいうおかしな人がいます。こういう人は物を貰うことに慣れているせいか、横柄でケチな人が多い感じがします。贈り物は、気持ちを表わすものです。

物言いの果しなき

どんなことにもイチャモンをつけたり、自分で思っていることを直截に言わないで同じことをネチネチと繰り返す偏屈な人がいます。そういう人は親族からも他人からも疎んじられて孤立してしまいます。

憎き心もちて人をかたる

面と向かってその人を非難するのではなく、故意に悪口雑言《あっこうぞうげん》を執拗に言いたてる人がいます。恐らく可愛さ余って憎さ百倍の関係になってしまったのでしょうが、どんな陰口でも人の口に戸は立てられないので、ご本人の知らぬ間に周りの人にはすべて知れ渡ってしまうでしょう。

口のうちでものを言う

はっきりと言わないで口のなかでぶつぶつ不満を言う人がいます。聞く人は気になって嫌なものです。不満があれば、はっきり言った方がいいでしょう。「もの言わねば腹ふくる」の喩もあります。何事も言わなければ相手に伝わりません。胸を開いて明るく言いましょう。

幼き者をたらかして（たぶらかして）たのむ

甘い言葉で子どもを誘惑して手先に使うことは、悪事を働かせることと同じくらいの重罪です。子どもは素直で何でも親の言うことなら聞いてしまいますが、親でも決して子どもを悪事の手先に使ってはならないのは不偏の理法です。

知らぬことを知ったげに言う

それほど知っているわけではないのに知ったかぶりで喋りまくる人がいます。「よく心得ぬことを人に教える」「よく、ものの講釈をしたがる」人と同じ類で相手の人にとんでもない過ちを起こさせる結果になりかねません。責任を償えないならでまかせを教えるべきではありません。

呉れた後その事を人にかたる

物をあげたりもらったりするのは気持ちのやりとりですから、これ見よがしにするものではありません。あの人には何を贈ってやった、この人には何を贈ったと自慢げに言うのはおかしなことです。心のこもった贈り物はお互いの心の交流を深める効用があります。

学者くさき話

専門外の生半可な知識で得々として語りたがる人がいます。アカデミズムの世界の専門的知識は極端に狭い世界です。情報過多のインターネット時代では多少の知識は誰でも知ることができます。情報の浪費にならないように気をつけたいものです。

人を隔つることを言う

上から目線で見下すように、気位が高く、人を蔑《さげす》む言葉を発して平然としている人がいます。こうした人は好き嫌いが激しい反面、独りでいることに耐えられない寂しがり屋で、敵も多いが味方もいて裸の王様みたいな人でしょう。

おどけのこうじたる

ふざけ戯《たわむ》れが高じて、つい口がすべって人の人格を損《そこ》ねたり傷つけたりすることがあります。ご当人は知らぬが仏で意気軒昂ですが、言われた人や嘲笑やからかいの的になった人から一生恨まれることにもなりかねません。

おのが悪しきを人にぬりつける

自分の過ちが原因で失敗したことを、他人のせいにするために裏で画策して責任をなすり付ける人がいます。失敗は誰にでもあることです。素直に自分の失態を認めて到らないところを向上させる心技を磨くことが大切です。

いささかなことを言い立てる

大したことでもない些細な事柄を、さも重大事のように悪意に凝り固まって言いつのる人がいます。「さしたることもなき事をこまごまと言う」「事々しくもの言う」人と同類なので、気にすることはないでしょうが、言われた人は悔しいものです。

すべて言葉はおしみおしみ言うべし

話し言葉は記録に残ることはないが記憶に残るものです。人と語るときは一つの言葉にも細やかな気遣いが必要です。誤解、曲解は話し言葉につきものですが、気付いたときに払拭しておくことが大切です。言葉は「言魂」といわれます。丁寧にお喋りしましょう。

其の人の相応《そうおう》せぬことは言わぬがよし

相手の人をよく知らないのに頼み事をするのは良くないことでしょう。あの人にはこれは出来ない、これは出来そうだが不安である、といった具合に人を分別してしまい兼ねません。頼み事は相手の人をよく知った上で互いに納得してからにすべきです。

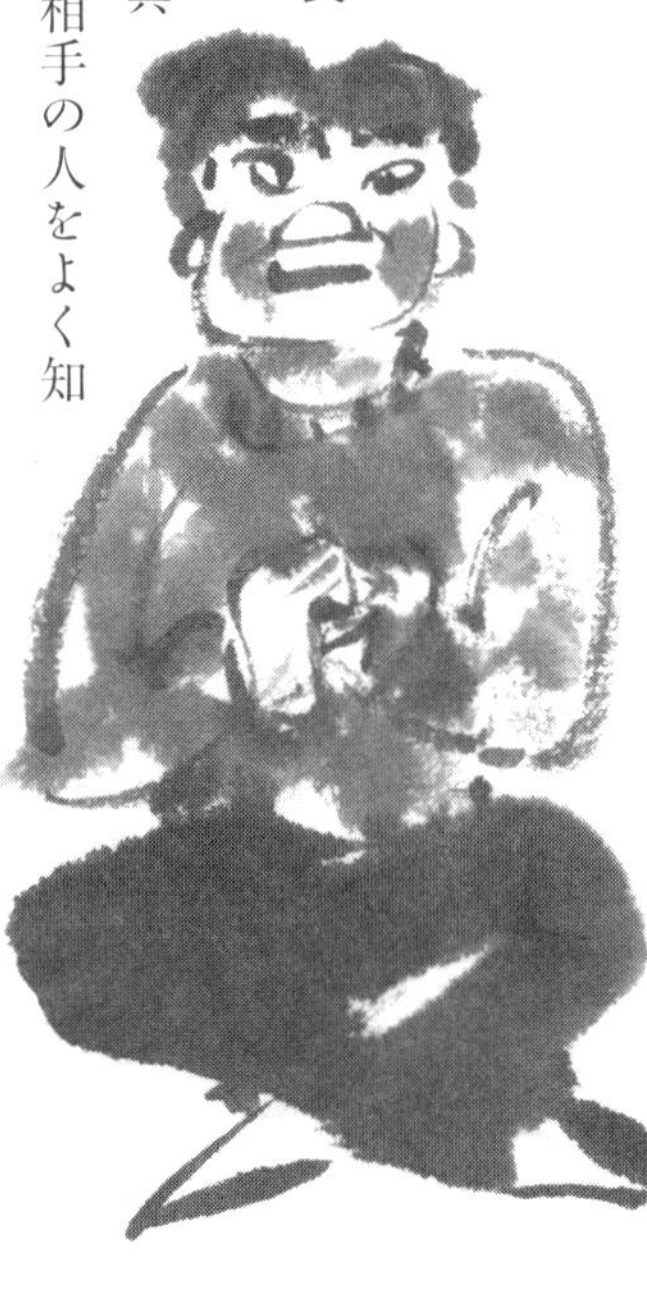

おのれの氏素性の高さを人に言うな

誰でも祖先の過去があって今の自分がある。他人《ひと》は現実を評価するから、かつての家格や出自を誇張したところで自分の評価には繋がりません。過去の栄光に惑わされていると、尊大さだけが肥大化して新しい境地を切り拓いては行けません。

客の前で人を叱るな

他人の前で家族や使用人を叱責する無神経な人がいます。傍で聞かされている方は不愉快でいたたまれません。「人のきずつくことを言う」「下僕を使うに言葉のあらき」と同じ類で狭量な御仁です。これでは商売も人間関係もうまく行かないでしょう。

さしてもなきことを論ずる

大したことでもないのに大袈裟に騒ぎ立てて、目立ちたがる人がいます。「事々しくもの言う」「いささかなことを言い立てる」人と同じ類で相手の思惑に乗らないことです。自分も軽く見られてしまいますから。

耳に口をつけてものを囁く

人の見ている前で、こそこそと耳打ちして囁く人がいます。周りの人たちは不愉快ですが、ご当人は平然としています。女性に多い仕草ですが、耳に口をつけられている人は迷惑千万かもしれません。男性同士だったら政治家くらいしかいないでしょう。異性だったら妖しい雰囲気になりますから気をつけましょう。

髪は月代にすべし

月代《さかやき》はちょんまげ時代の男の額髪《ぬかがみ》で、頭の天辺を半月形に剃髪《ていはつ》した髪型です。髪型はいつもちゃんと整えるのが作法ですが、今はスキンヘッドやけったいな髪型が流行っています。これも時代の流れでしょう。

手足の爪切るべし

爪は指先を保護する程に切ることです。犬やネコの有爪《ゆうそう》動物も伸びる爪を研いでいます。でも、昨今では若い女性にネイルが流行って、長い爪が綺麗に輝いていますが怪我に気をつけて下さいね。

口をそそぎ楊枝を使うべし

口のまわりの汚れや口臭は、他人《ひと》が嫌がります。口元をきれいにして健康を保つためにも歯磨き励行すべしです。歯や口元の奇麗な人は美しく見えて魅力的です。

湯浴みすべし

汗臭いね、と言われないように、湯浴《ゆあ》みしてさっぱりと、気分さわやかな生活を送りましょう。でも、人の身体はバイ菌だらけで健康を維持しています。清潔は適度でいいかもしれません。企業宣伝に惑わされて朝シャン、夜シャンはいかがなものでしょう。

鼻をうごめかして世の中に人なしげにもの言う

狭い世界で自分が優者《すぐれもの》だと勝手に思いこみ、俄《にわか》仕込みの知識で言いたい放題ところかまわず放言し、ふいごのように鼻息荒く怒《ど》なり散らす、どこにでもいる尊大な御仁。まともに相手にできません。

ことばのたがい

事が発覚すると、以前に言ったことと違うことを言って責任逃れする人がいます。他人《ひと》を惑《まど》わし、貶《おとし》める者は誰からも信用されません。こうした人はどこにでもいますから、許容の限度を考えてお付き合いはほどほどにすることです。

ものをかた事にすべからず

何事も最後まで遣り通すことが大切です。

中途半端で終わらないことです。人生はけじめが大切。とは言うものの、事は簡単ではありません。引き際を考えずに徹底して底なし沼に嵌りこんで抜き差しならないことになる場合もあります。要は何事もバランスを考えて猪突猛進しないで初心を貫くことです。

酒は温めて飲むべし

冷や酒は美味しく効くけれど胃腸を痛めます。

人肌のお酒はほろ酔い気分で満喫するのが上手な酒飲みです。花は五分咲き、お酒はお燗がいい。良寛さんはお酒をこよなく愛しましたが、常に健康を考えて冷や酒は飲まず、深酔いはけっしてしませんでした。

下僕を使うに言葉のあらき

上司の一言が部下を傷つけ、その人の人生を狂わせてしまうことがあります。この世に神仏を超える人間などいないのです。部下に接するときでも威厳よりも愛であり、包容力こそ大切でしょう。

仏に香花を供うべし

家族、親族の仏に
手を合わせると
心がなごむ。
子は親の振りみて育つ。

親に尽くせば子も尽くす。さればとて墓石に着物を着せられず。お釈迦様や如来様、イエス様には会ったこともありませんから、自分の家族、親族にこそ手を合わせて親からもらった心とからだを大切にして日々生き抜くことですね。

子どもらと
手まり
つきつゝ
この里に
遊ぶ春の
日は
暮れすともよし

良寛さんの着物の袖には、いつも手製の毬やおはじきが入っていました。「それつけ、わたしほどの名手はまたといない！」と得意気に子どもたちと遊びふける良寛さんの「日はくれすともよし」（日は暮れないでほしい）のつぶやきにも似た歌は、まさに日々好日の浄土に遊ぶ良寛さんの春の日の微笑ましい情景です。

花は無心にして蝶を招き（花は蝶を招きたいという心があるわけではないが自然にやってくる）

花無心招蝶

蝶は花を尋ねるのに無心（蝶も花を愛《め》でたいという心があるわけではないが）

蝶無心尋花

花開く時　蝶来り（花が咲くとき蝶がやってくる）

花開時蝶来

蝶来る時　花開く（蝶がくるころ花が咲くだけのことである）

蝶来時花開

吾も亦　人を知らず（私も同様にほかの人のことを知ろうとはしないが）

吾亦不知人

人も亦　吾を知らず（人もまた私などさらに知ろうとはしない）

人亦不知人

知らずとも帝の則に従う（だが、これは天地自然の理法を知っているからである）

不知従帝則

（良寛詩）

草枕臥曠野
（草枕《くさまくら》して曠野《あれの》に臥《ふ》せば）
惟《おもう》悲《かなしく》幽禽《ゆうきん》*1囀《さえずり》
（山奥の鳥のさえずりさえ悲しく聞こえる）
王侯《おうこう》*2与黎庶《れいしょと》*3
（王侯も庶民も分け隔てなく）
総付夜来夢
（すべてのことは夜来の夢に付す）

ごろりひるねの
くさまくら
なくとりかなし
ひとのよは
しばしのゆめに
さもになり
貴人も賤《しず》*4も
へだてなく
（隆平）*5

*1　山奥の鳥
*2　身分の高い人
*3　庶民
*4　賤しい人
*5　**森山隆平**　良寛さんと同じ新潟県出身。良寛研究家。日本文芸家協会、日本詩人クラブ元理事。日本石仏ペン会会長、全国良寛会会員などを歴任。著書多数。

生涯身を立つるに懶《ものう》く（生涯、世の中でひとかどの者になろうなどという気も起こらず）

生涯懶立身

騰々《とうとう》として天真《てんしん》＊1に任《まか》す（自分の天性のおもむくまま、あるがままに生きてきた）

騰々任天真

嚢中《のうちゅう》の三升の米（袋のなかの三升の米）

嚢中三升米

炉辺一束《ろへんいっそく》の薪《たきぎ》（炉辺に積まれた一束の薪、身辺にはそれしかない）

炉辺一束薪

誰か問わん迷悟《めいご》＊2の跡（迷いや悟りといった修行の跡など忘れ去り）

誰問迷悟跡

何ぞ知らん名利《みょうり》の塵《ちり》（世俗の名誉や財産にもまったく関心がない）

何知名利塵

夜雨《やう》草庵の裡《うち》（いま、雨の降る夜、庵のなかにいて）

夜雨草庵裡

双脚《そうきゃく》等間《とうかん》に伸ばす（のんびりと両足を伸ばして休むのだ）

雙脚等間伸

立身出世は儘ならぬ
乞食の沙門は行く儘気儘
貧乏ぐらしも板につき
金も要らなきゃあ名も要らぬ
まして悟りは縁なく
雨のそぼふる草の舎に
ごろりと手まくら足伸ばし
（隆平）

＊1 **天真** 天然の心理
＊2 **迷悟** さまよいと さとり

回首七十有余年

首《こうべ》を回《めぐ》＊1らせば七十有余年（回顧すれば七十余年）

人間是非飽看破

人間《じんかん》の是非《ぜひ》＊2看破《かんぱ》＊3に飽《あ》きたり（人が毀誉褒貶する様を嫌というほど見てきた）

往来跡幽深夜雪

往来の跡はかすかなり深夜の雪（今夜は雪が降っている。行き来する人も果てい）

一炷線香古窓前

一炷《いっしゅ》＊4の線香古窓《こそう》の前《もと》（空庵に一人座して一本の線香を灯す）

六十路の坂を十ばかり越えて
いのちのまたあれば
浄世のことのあれこれを
言うも愚としりにけり
雪はつもりて夜も更けて
しじまにひとり坐をくめば
一切空ときこえゆけり　（隆平）

＊1　**回首**　回顧する。
＊2　**是非**　毀誉褒貶する。
＊3　**看破**　嫌というほど見てきた。
＊4　**一炷**　一本の線香

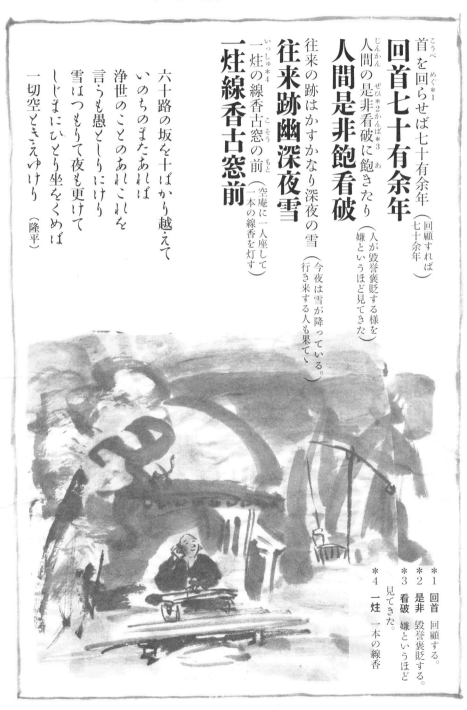

言うたことは
再び返らず

だるまの杖言葉

達磨とは本来は「法」とか「真理」という意味ですが、修行して釈迦の悟りの真髄を得た大力量の僧を達磨とよびました。

私たちが言う達磨は赤い衣を着けた菩提達磨です。この達磨が伝えた禅が、日本に導入されたのは鎌倉時代で、宋に渡って修行した臨済宗の栄西や、曹洞宗の道元といった留学僧たちによって伝えられたのでした。

そして禅は佛法作法や法話、垂示、茶道、造園、書画、詩文、陶芸、武道など精神文化を創出し、日本人の「道」とか「心」とかいう心象的美意識、哲学を植えつけました。

この達磨さんにあやかり、禅語と先達・著名人が残された金言・名句を、禅語イメージとして、達磨絵にしてみました。

混迷する二十一世紀の人びとの心を支えてくれる「人生の杖言葉」の一助ともなればと思います。

達磨さんは、なぜ足がなく赤い衣なのか、それは達磨さんが壁に向かって九年もの間座禅を続けるという、苦行のやりすぎで足が萎えてしまったという民間伝承から、不倒達磨が生まれたということのようです。

また赤く塗られているのは、菩提達磨は中国に座禅を伝えた功績で、死後円覚大師の称号が贈られたことによります。大師号は官位で言えば赤い衣を着用する太政官に相当する名誉称号です。これによって、赤く塗られた縁起物、不倒達磨が生まれたということです。

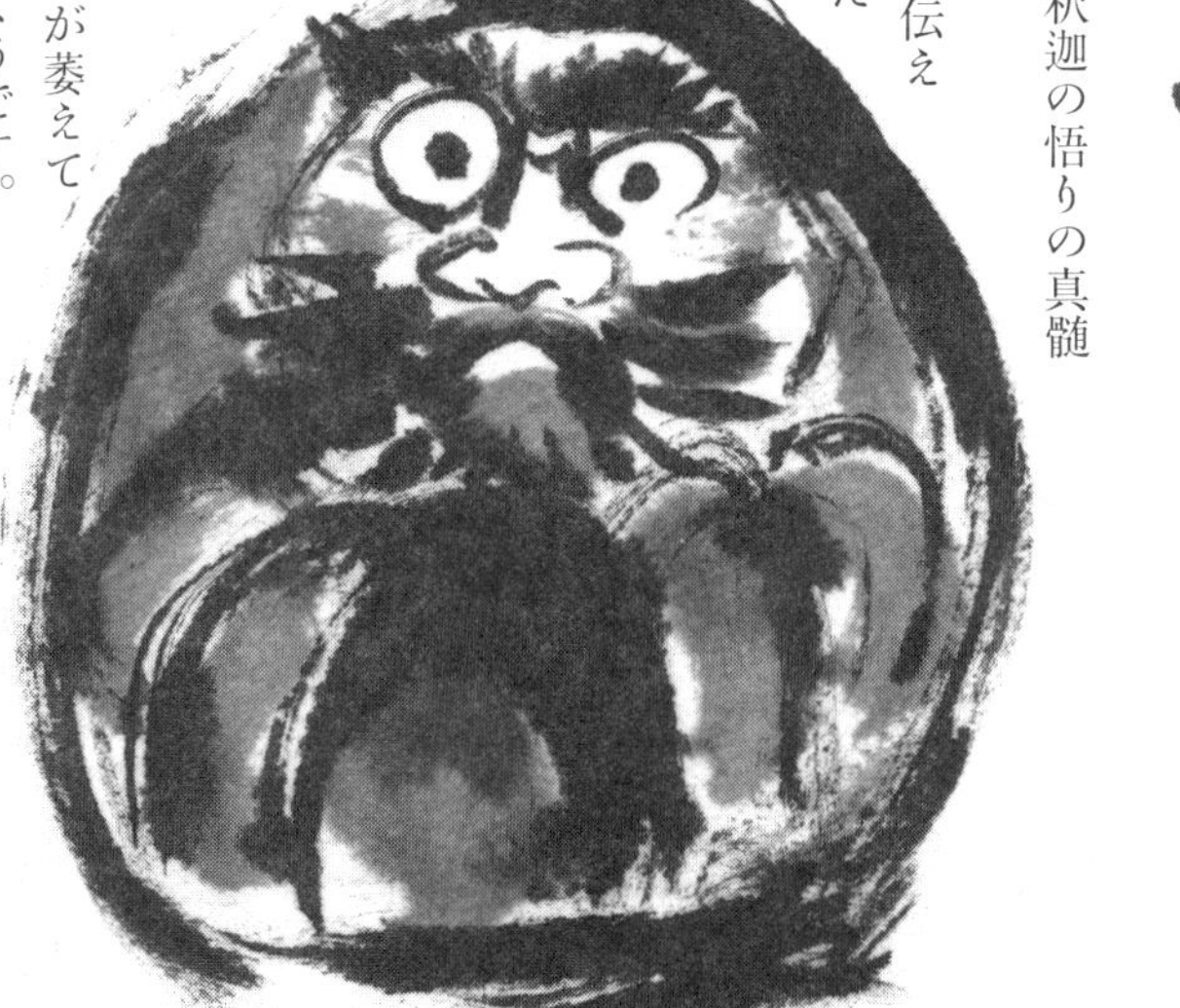

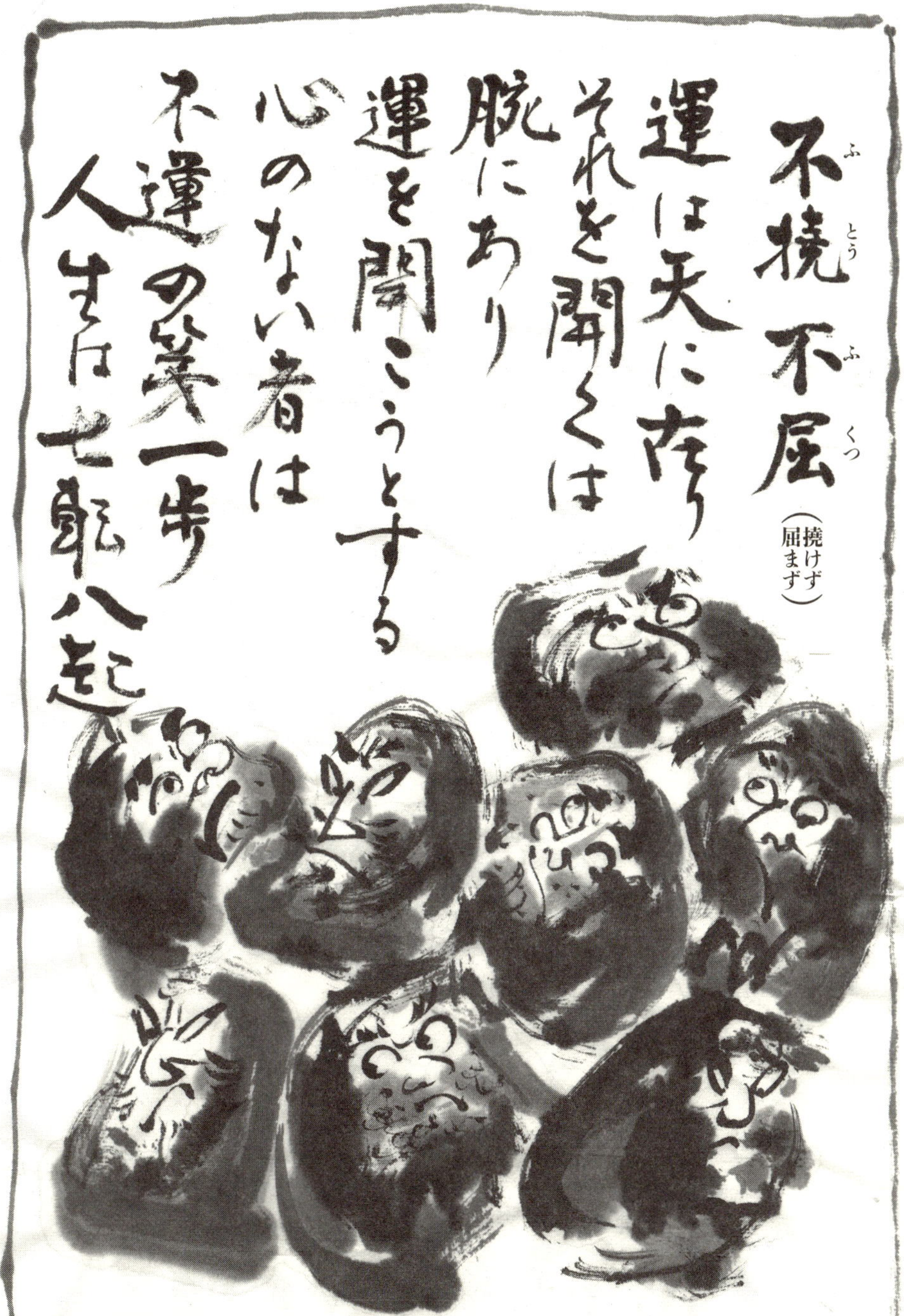
不《ふ》撓《とう》不《ふ》屈《くつ》（撓けず屈まず）
運は天に在り
それを開くは
腕にあり
運を開こうとする
心のない者は
不運の第一歩
人生は七転八起

達磨《だるま》五法

一、交わりを選ぶ事眼前に在り
　眼を見れば人柄がわかる眼で判断すべし

二、貴きを問う事神(心)に在り
　心は眼に現れる綺麗で精気が宿り
　輝きがあるがよし

三、富を問う事鼻に在り
　鼻は顔の中心に在り
　鼻の形色で物質的運が判る

四、寿を問う事神(心)に在り人の寿命は心の持ち方で長短がきまる

五、全きを求める事声に在り人の運の強弱は声に在り
　腹から出してよく通るがよい

因《いん》果《が》の小《お》車《ぐるま》

（何事も原因と結果がめぐりくる）

小才は縁に出合って
縁に気づかず
中才は縁に気づいて
縁を生かさず
大才は袖すり合った縁を生かす

眼《がん》前《ぜん》に在《あり》

目標を眼の前にして
気を抜いてはいけない
今一息が大事
これまで以上の力と気合いを入れて挑む

六然《りくぜん》

一、自処超然《じしょちょうぜん》（俗事にとらわれない）

一、処人靄然《しょじんあいぜん》（人に処することおだやかに）

一、無事澄然《ぶじちょうぜん》（何事もないときは澄んだ心でいる）

一、有事斬然《ゆうじざんぜん》（事がおこれば即断する）

一、得意憺然《とくいたんぜん》（得意なときほど冷静沈着でいる）

一、失意泰然《しついたいぜん》（失意のときでも落ち着いて動じない）

（勝海舟）

大知（智）は愚の如し

（本当に知恵のある者は知識をひけらしたりしない）

良し悪しと憎し
可愛《かわい》と思わねば
今は世界がまるで我がもの
心変ずれば通ず

（鏡で我が顔を見る。笑えば笑う）

生死事大《しょうじじだい》
光陰可惜《こういんかせき》
無常迅速《むじょうじんそく》

（人の一生は大きく尊いものです）

（まだまだと思っている間に月日は惜しみなく過ぎ去って行きます
日々大切に）

（この世は無常そのもの、形あるものは壊れて、常に変わり行きます）

時は人を待たず
日月再び来たらず

本来無一物《ほんらいむいちもつ》

何物かは差し上げ度くは
思へども
達磨宗には一物も無し
人生足るを知れば心常に楽し

（吾れ唯、足るを知る）

無《む》缺《けつ》無《む》餘《よ》只《ただ》一《いち》輪《りん》

（欠けることなく餘ることのない環《たまき》）

まどかなること
大虚（大きなうつろな円形）の如し
だが、あまりの円きは転びやすし

大《だい》道《どう》無《む》門《もん》

（目標の世界に到るのに、決まった入り方はない。誰にでも門はひらかれている）

分け登る
麓の道は多けれど
同じ高嶺の
月を見るかな

無《ぶ》事《じ》是《これ》貴《き》人《じん》

（平然と何事もないような清らかな心の人は、尊ぶべき人である）

作らず飾らず
平常心
たくらみなければ是心《こころ》安《やす》し

独《どく》生《しょう》独《どく》死《し》独《どっ》去《こ》独《どく》来《らい》

（人は世間の愛欲の中にありて、ひとりで生まれ、ひとりで死し、ひとりで去り、ひとりで来る）

生ぜしも一人なり
死するも一人なり
されば人と共に住するも独りなり

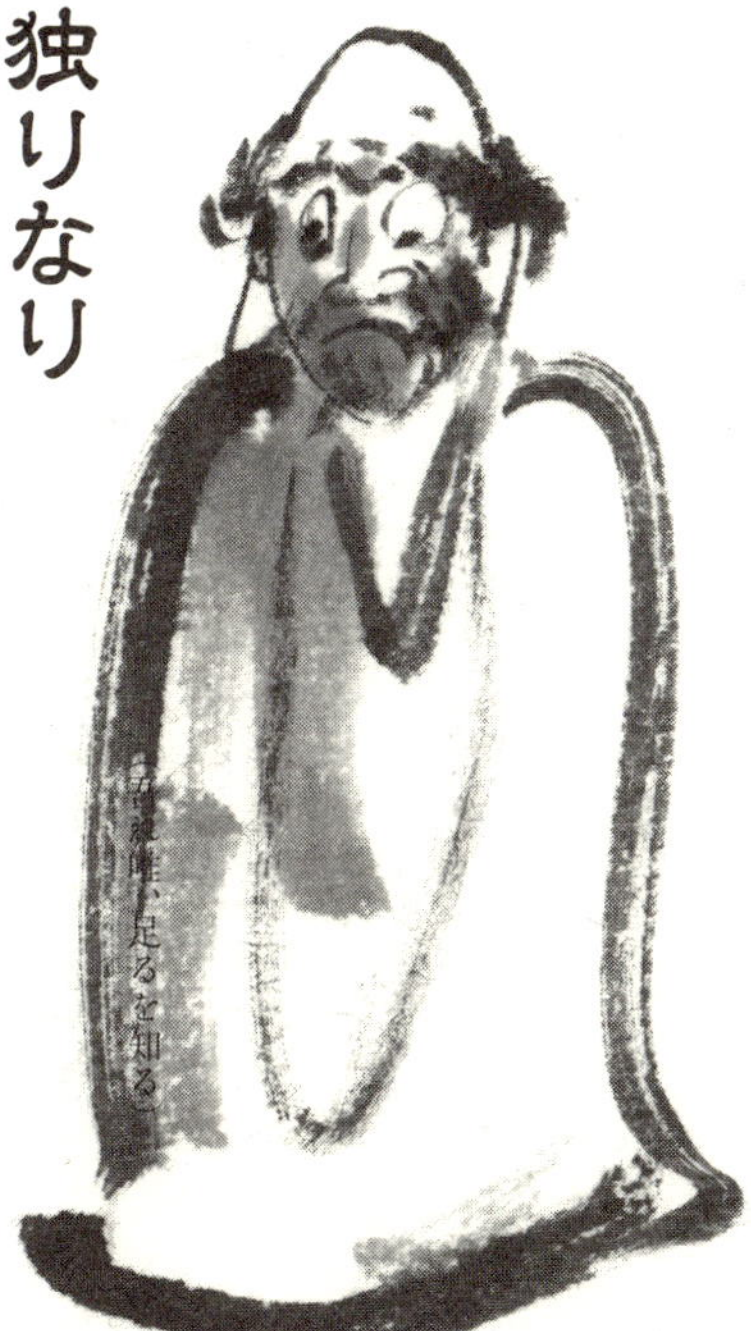

一、両手を合わせる

一、両手を握る

一、両手で受ける

一、両手で支える

一、両手を合わせて拝み合う心

徐緩《じょかん》

ゆっくりあわてず落ち着いて

唯浄《ゆいじょう》

他にやさしく清らかに

唯善《ゆいぜん》

人はひとりで生きられぬ

そこぬけにいとおしみ信じ合う

心海深ければ波浪なし
威厳はいらない愛だよ
差別はいらない抱擁だよ

善哉《ぜんざい》 善哉（よいかな よいかな）
一度笑えば百慮《ひゃくりょ》（もろもろの悩み）去る
笑顔は最良の財産

無為《むい》自然《じねん》
（作為のない自然体）

無欲は一切足る

有を求めれば万事窮《ばんじきゅう》す

結果自然《しぜん》成《なり》
（結果はありのままで、特別の変化はない）

妄想に成就《じょうじゅ》なし
（正しくない思いに成功なし）

却下を看《み》よ
灯台もと暗し
身辺のことよく知らず
足元の根を張ることが勘要《かんよう》
（自分を見つめ直すことが大切）

不識《ふしき》

不識とは、達磨が梁の武帝と接見したときの受け答えの中で、達磨が「私の心は空っぽですから俗言のことは知りません」と答えたという。その真の意味は、世間の常識や理屈、考え方を捨てて、道理に合わないことは言わずということでしょうか。

弁するは黙《もく》するに如《し》かず
知るは言わず言うは知らず

一《いち》期《ご》一《いち》会《え》

（一度かぎりの出会い）

一生にただ一度の出会い
心をこめて聴く 心をこめて話す

何を知らなくても
始終貴人の前に出た心得であれば
たいした失敗はない
（利休）

吾《われ》一を以て是《これ》を貫く

（われ幾つかの中の一つを
これと決めてやり抜く）

胸に炎々《えんえん》と燃えるものを
持とう闘志なくして
何ができよう
天地を悠々堂々《ゆうゆうどうどう》と行かん

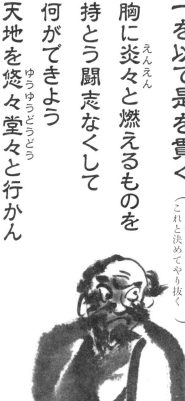

努力無盡《むじん》

（努力は尽きることがない）

達磨さんは壁に向かって九年
物事はそう簡単に
成《な》るものではありません
百尺竿頭《ひゃくしゃくかんとう》一歩を進めよ

百尺の竿の天辺（長い努力で得た段階）に至ったら、再びその頂上から死ぬ気でその先を行くことが努力の神髄である。

慈顔愛語《じげんあいご》

かたよらない心
こだわらない心
とらわれない心
ひろくひろくもっと広くやさしく

任人投　任人笑（人の笑うにまかす、人の嘲笑にまかす）

世の人はわれを
何ともいわば言へ
わがなすことは
われのみぞ知る

妄《もう》（妄虚）を捨て真《まこと》に悟（目覚め）し
壁観《へきかん》に凝位《ぎょうい》（壁に向かってじっと見据える）すれば
自も無し他も無し
凡聖等一せ（愚か者も、知徳の優れた者もみな同じ）

大空を静かに雲はゆく
静かにわれも生きべかりけり

維《ゆい》摩《ま》の一黙雷の如し

黙然として言なし
沈黙は説得力
風吹けど不動天辺の月

（古代インドの聖人維摩の黙然の姿は、雷のように心にひびく）

中道（ほどほど、中正）

釈迦が菩提樹の下で瞑想しているところを、通りすがりの老婆の歌で悟りを開いたという子守唄

弦が強けりゃきつくて切れる
弦が弱けりゃ音色がにごる
強い弱いを調子合わせ
澄んだ音色で聴かせておくれ
強くもなく弱くもなくいい按配

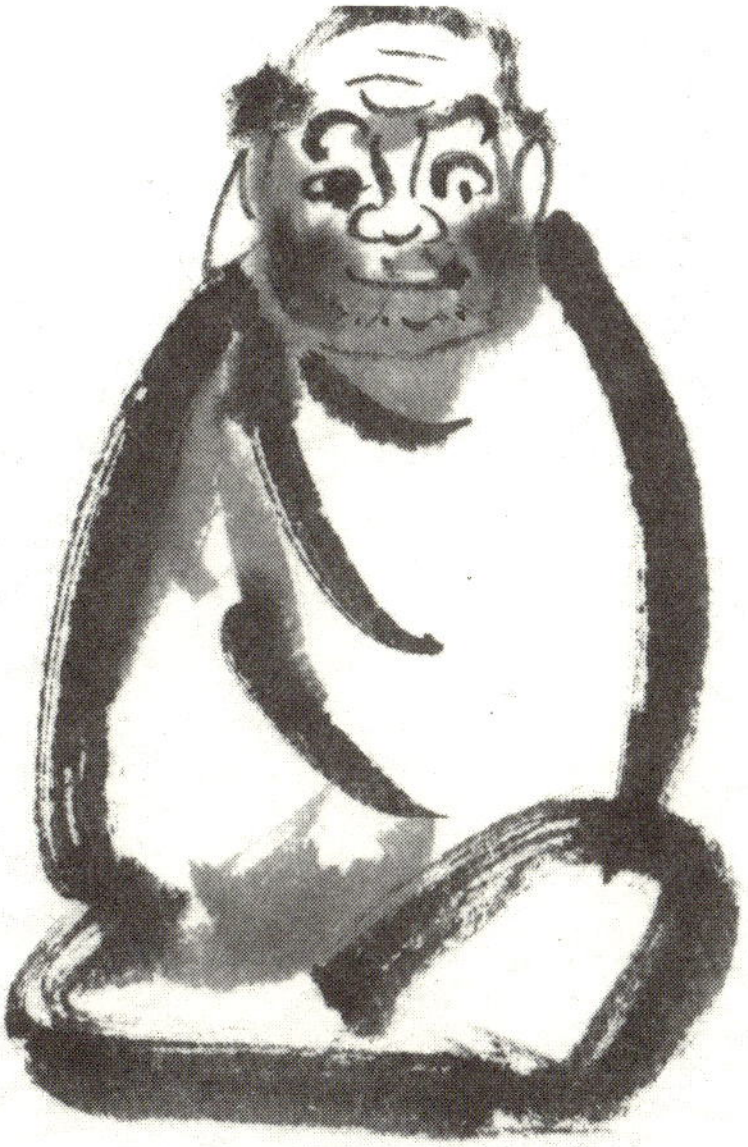

親父の小言

親の小言と冷酒は後で効く

昔は「地震・雷・神・親父」は恐いものの代名詞でした。戦後は、家族制度がなくなり、自由と民主主義の時代になりました。男女平等社会になって、親も子も平等の権利をもち、個の自立が唱われ、自己決定、自己責任という社会的風潮が蔓延するなかで親父の外面的な権威ははなはだしく失墜してしまいました。

かつて親父は戸長といって、夫婦を中心に祖父母や子ども、孫、時には他の親族まで扶養する器量と経験と知識を兼ね備えていなければなりませんでした。だから、子ども達は、戸長としての親父という権威に対して絶対的に服従することに違和感をもつことはなかったのです。ですから親父には頭があがらず、恐い存在でした。

また親父は、自分の家族ばかりでなく、隣り近所の親父のいない人たちまで面倒みていたものです。だから〝親父さん〟と敬愛される人はどこの地域にもいたのです。

子どもは親の背中を見て育ち、自然に世の中の風潮に馴染んでいきます。躾とは身を美しくすることですが、躾や掟を学ぶ機会が、家庭にも学校にも社会にもすでに存在しなくなっているようです。

だが、時代が変わったとは言え、親は幼き子どもたちを養育する義務があり、社会は、幼き子を一人前の社会人に育てていかなければならない責任があります。

世の親たちは、ここに書いてあるような小言をどこかで聞いたことがあるはずです。

この小言文化をいま一度、見直してみようと思うのですがどうでしょうか。

火は粗末にするな

人には腹を立てるな

恩は忘れずに遠くから返せ

家業には精を出せ

年忌法事を怠るな

ゴマかし詐偽などやるな働いて儲けて使え

人には貸してやれ
女房は早くもて

麻薬
かけごとは
やるな

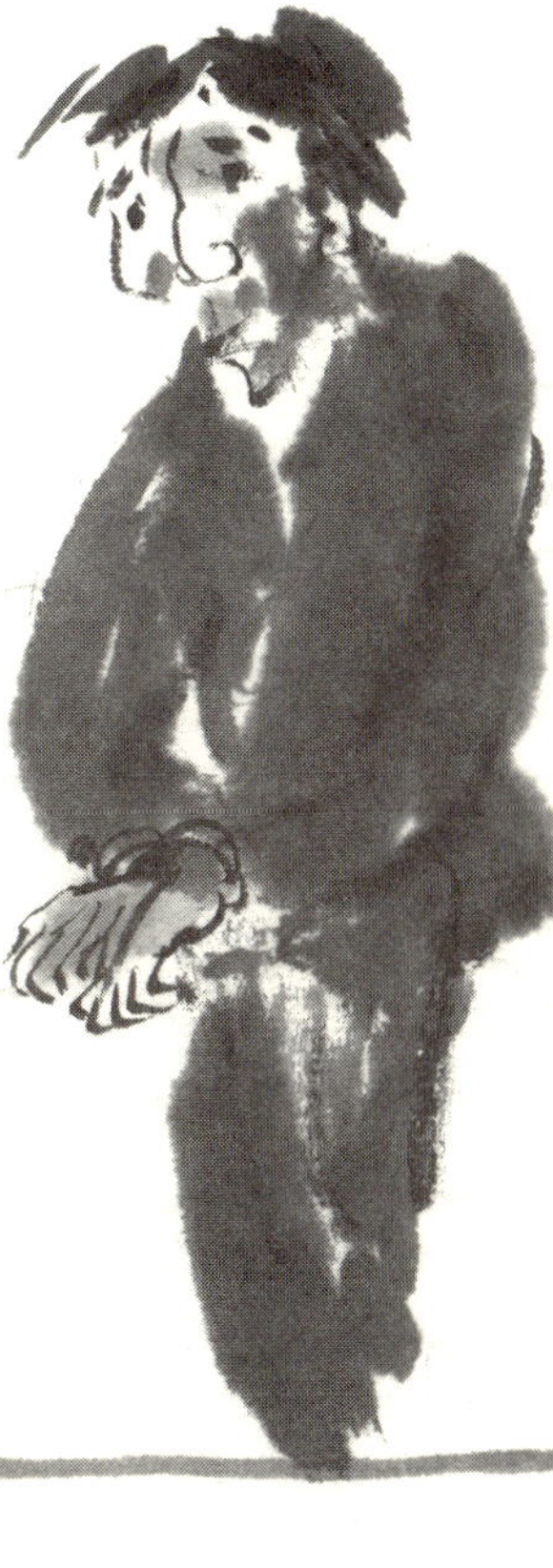

大めしはくうな

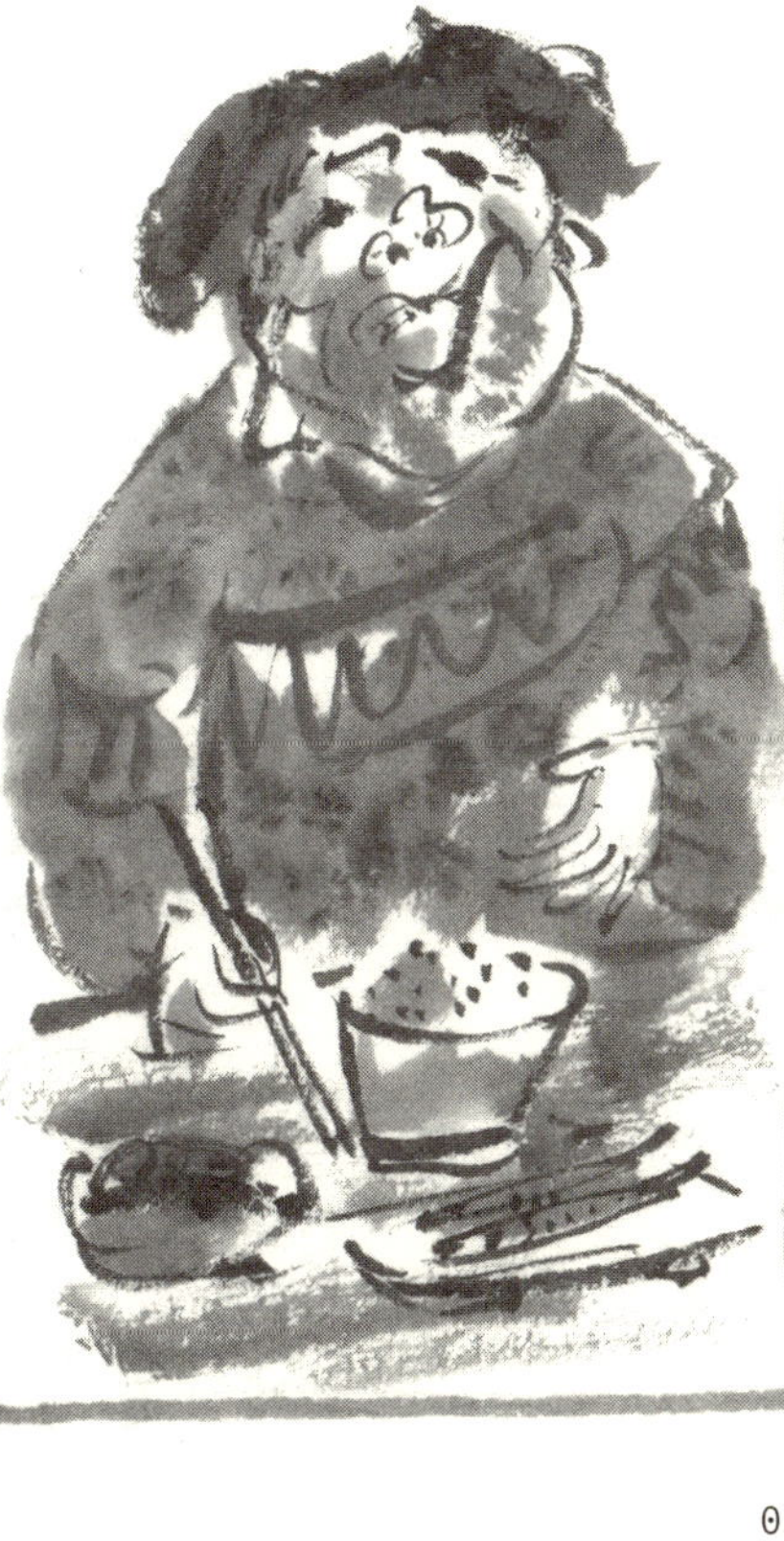

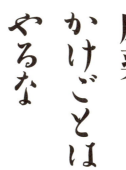

世話やきに
こるな

火事と
災害には
覚悟しとけ

戸締まりに
気をつけろ

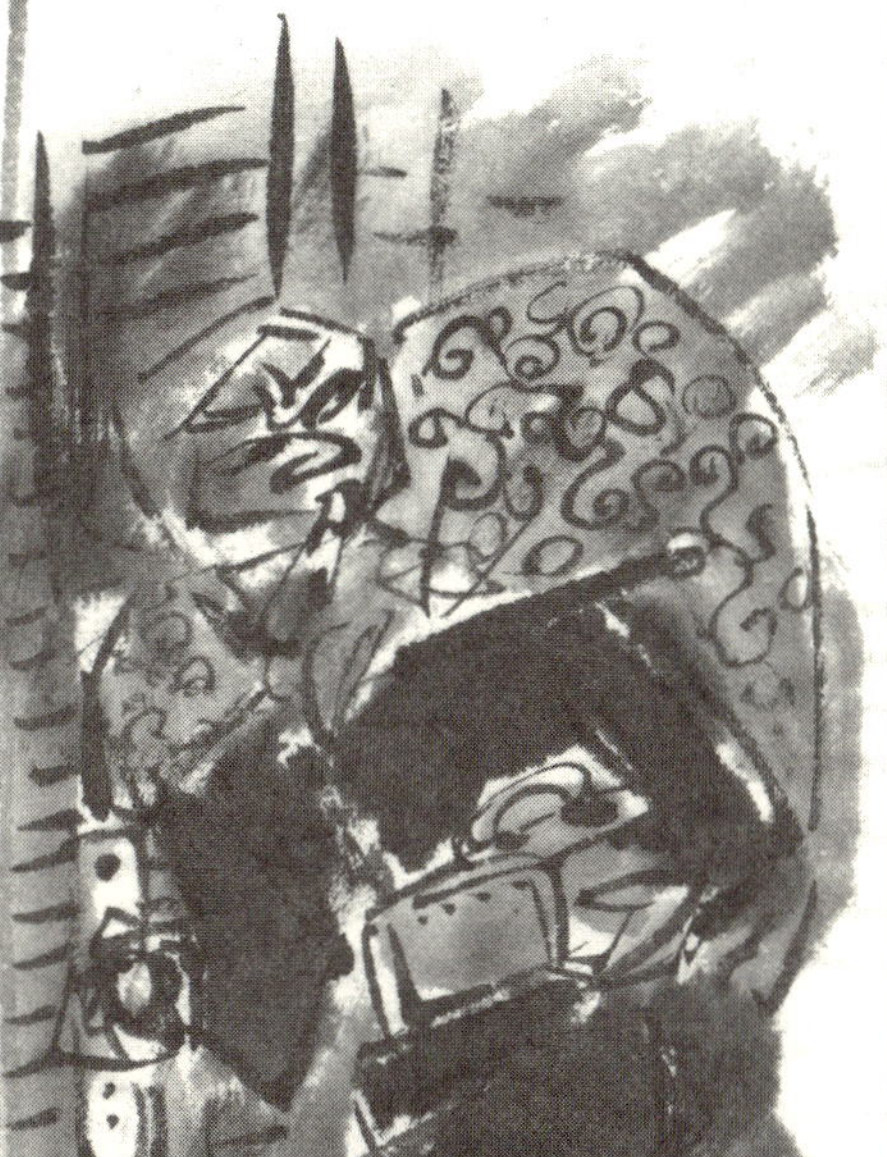

何事も
身分相応にしろ

拾わば届け
身につけるな

神仏はよく拝め
人の苦労は
助けてやれ

判事ものは
きつく断れ

朝は
機嫌よくしろ

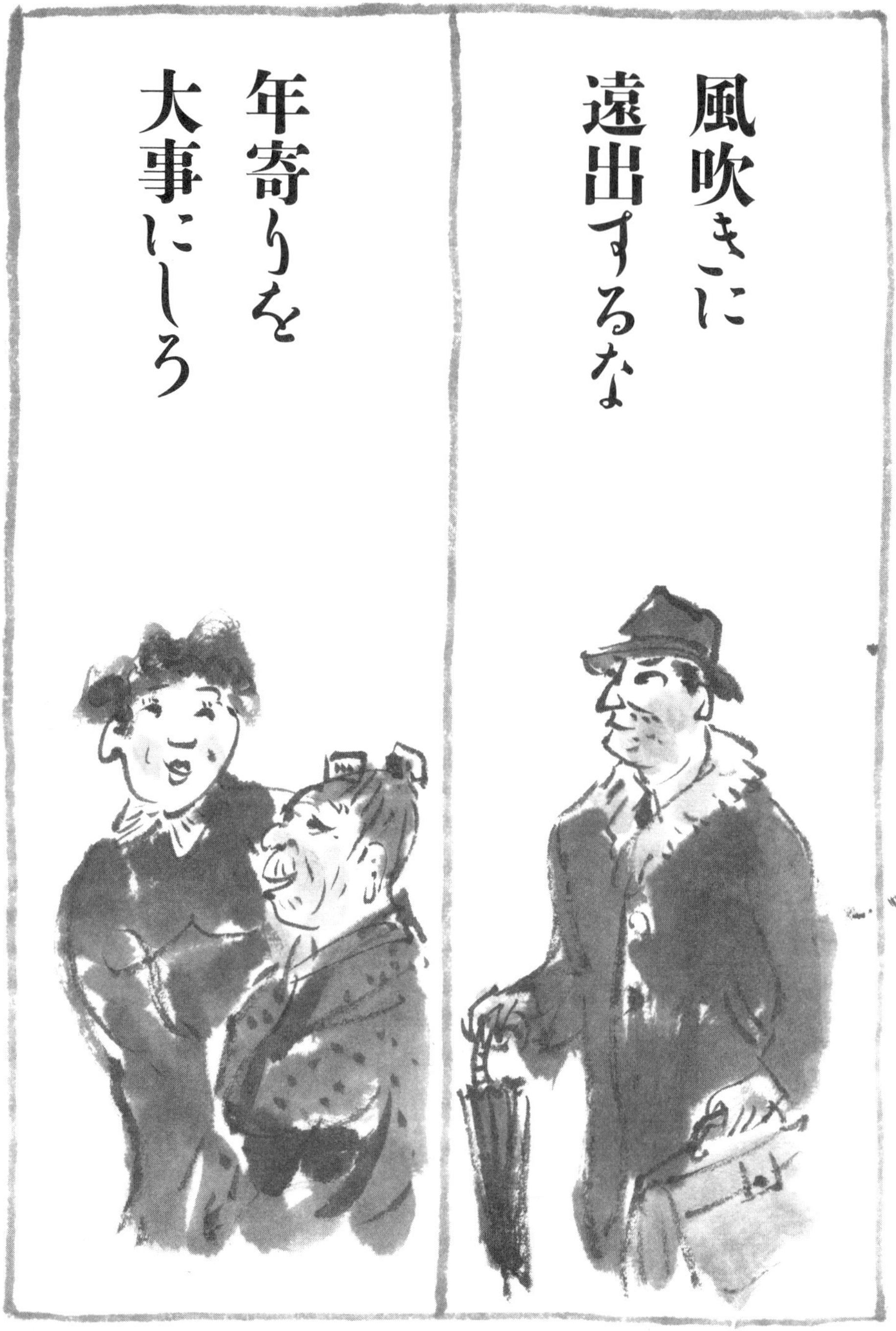
風吹きに遠出するな
年寄りを大事にしろ

初心忘れる勿《なか》れ
子どもの言うことは八、九きくな

難渋な人には施せ
義理は欠かすな

大酒はのむな
貧乏を苦にするな

借りては
使うな
火は絶やさぬ
ように

怪我と災い、をつくる事を恥と思え

小商い、ものを値切るな

産前産後は大事にしろ

病気は仰山にしろ

夫婦もほめ合えば生き甲斐が出る

家族は笑って暮らせ

豊臣秀吉遺訓

豊臣秀吉は、尾張の国（愛知県）の農民の子として生まれ日吉丸といいました。永禄元年（一五五八）三十二歳の時、織田信長の足軽として仕えて、木下藤吉郎秀吉と名乗りました。次第に頭角を現し、信長に認められて足軽大将へと出世し、短期間のうちに一国一城の主にのしあがりました。

天正十年（一五八二）本能寺において信長は、明智光秀の謀反によって自害します。この時、秀吉は備中高松城攻めの陣中にあったのですが、急遽《きゅうきょ》、兵を京に進めて、光秀を討ち、その後、織田家第一の家臣柴田勝家を滅ぼし、徳川家康を従わせて、天下の覇者となりました。秀吉は、関白太政大臣となって豊臣の姓を名乗り、天正一八年（一五九〇）には、北条氏を攻め、奥州も平定して、遂に天下統一を成し遂げました。さらに二度朝鮮国への出兵を計りましたが失敗して、慶長三年（一五九八）六十二歳で病死しました。死後は正一位を贈られ豊臣大明神に祀られています。

秀吉の遺訓は、人を使う人の心に感銘を与えるかのようです。

大酒を
飲んではならない

朝寝を
してはならない

自分の行く末を思って
物争いをするな

公の事を恐れよ

火をつつしめ

心に
決まりを設けよ

苦を楽と思い
楽は苦と思え

貴人は無理を
言うものと思え

主人は部下に
慈悲をかけ
部下はよく
家をおさめよ

人は義理が
肝要である

物ごとに
退屈してはならない

女に
許してはならない

少しの事でもよく考えよ

馬鹿者を恐れよ

何事も根気よく
淫欲はほどほどに
子孫のことをよく考えて

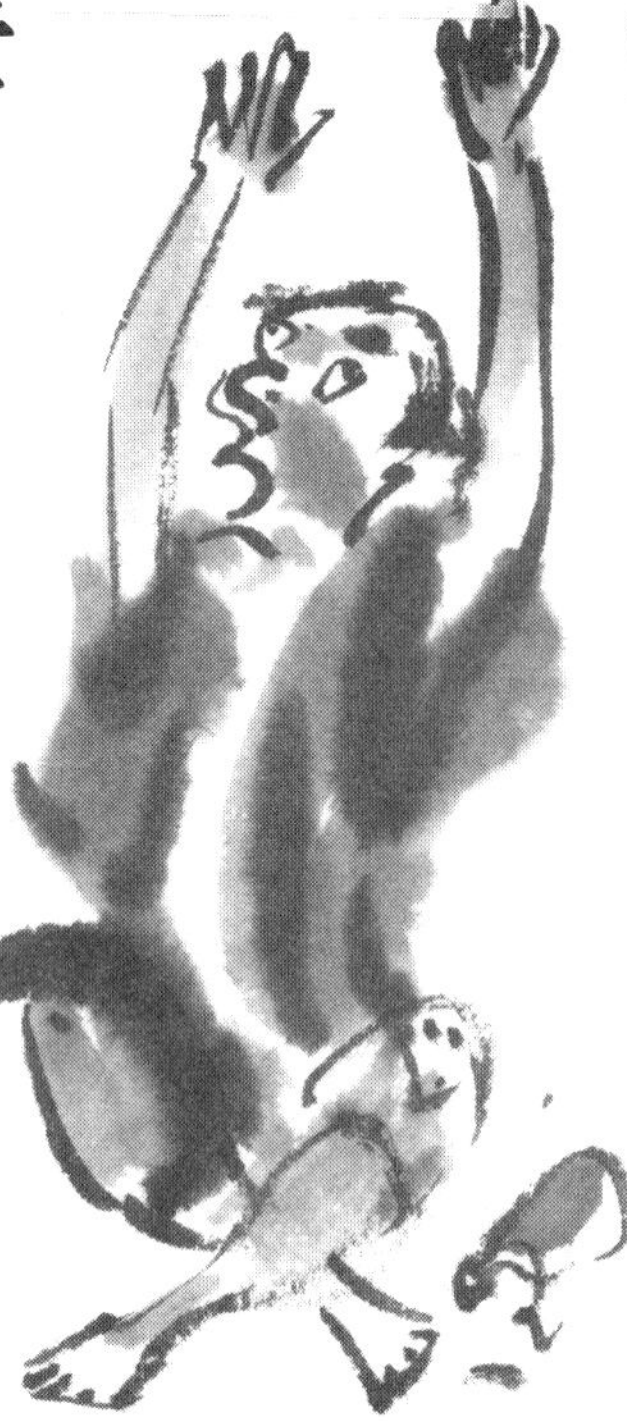

人は長目で
見てやれ

天道を恐れ
訴訟ごとを
起こしてはならない

女はあわれみ
かりそめにも
ウソを言ってはならない

悪ふざけしては
ならぬ

酔っぱらいがきたら
道をさけて
とおしてやれ

つもり違い十ヶ条

人生のなかで、勘《かん》違い、つもり違いなどで誤解を招き、疎《うと》まれたり、信用を失ったり、憎まれたり、大損したり、悔やんだり、お詫びしたりの苦い体験をされていませんか。

人間は完璧な神様、仏様でないから、後悔して自虐《じぎゃく》気味に頭《こうべ》を垂れてしまう気の弱い者、人は神様、仏様のように霊妙不可思議で完全無欠ではないからと鼻をくくる者。

また、周りから何らかの理由で、ちやほやされたりすると、有頂天《うちょうてん》になって自分を失い、不相応な振舞で顰《ひん》蹙《しゅく》を買う者もいます。

自分のこととなると、気付かないことがたくさんあるものです。

時々は、自分のことを鏡に映し、自問自戒してみて、人様から顔をしかめられないように心懸けたいものです。

一条
高いつもりで
低いのが教養

二条
低いつもりで
高いのが気位

三条
深いつもりで
浅いのが知識

四条
浅いつもりで
深いのが欲の皮

五条
厚いつもりで
薄いのが人情

六条
薄いつもりで
厚いのが面の皮

七条
強いつもりで
弱いのが根性

八条
弱いつもりで
強いのが我

九条

多いつもりで少ないのが分別

十条

少ないつもりで多いのが無駄

ぼけたらあかん長生きしなはれ

何んらかの事情で不幸にして若死にする人たちはともかく、人は皆老いていく、これを耄碌《もうろく》といいます。

歳をとっては、どう頑張ってみても、身体機能の衰え、委縮は止められません。だがどういう訳か、気持ちは若い、このアンバランスがしばしば頓珍《とんちん》漢《かん》な衝突の原因となるようです。

みだりに感情を高ぶらせると、碌なことはありません。喜怒哀楽も運否天賦も人生の常。これまでに見たり、聞いたり、経験もしてきたことです。

健康であれば、年金生活もうけもの、こころを楽しく、超然と構えて、シルバー人生輝いて生きたいものです。

この「ぼけたらあかん」は天牛将富さん作詞、杉良太郎さんの持ち歌です。(JASRAC出1614879-601)

年をとったら出しゃばらず
憎まれ口に泣きごとに
人のかげぐち愚痴いわず
他人のことは褒めなはれ

知ってることでも　知らんふり
いつでもアホでいるこっちゃ
ぼけたらあかん
ぼけたらあかん
長生きしなはれや

勝ったらあかん負けなはれ
いづれお世話になる身なら
若いもんには花持たせ
一歩さがってゆずりなさい

いつも感謝を忘れずに
どんな時でもおおきにと
ぼけたらあかん
ぼけたらあかん
長生きしなはれや

なんぼゼニカネあってでも
死んだら持って行けまへん
あの人ほんまに
ええ人や
そないに人から言われるよう
生きてるうちにバラまいて
山ほど徳を積みなはれ
ぼけたらあかん ぼけたらあかん
長生きしなはれや

そやけどそれは表向き
死ぬまでゼニを離さずに
人にケチやと言われても
お金があるから大事にし

みんなベンチャラいうてくれる
内証やけれどほんまだっせ
ぼけたらあかん
ぼけたらあかん
長生きしなはれや

わが子に孫に世間さま
どなたからでも慕われる
ええ年寄りになりなはれ

頭の洗濯生きがいに
何か一つの趣味持って
せいぜい長生きしなはれや
ぼけたらあかん ぼけたらあかん
長生きしなはれや

おっかない お神《カミ》さん

日本人の発音は、アイウエオの五十音です。弥生時代では六十音くらいあったらしいようですが、中国から文字が入り、いろは四十八音が普及してから五十音が固定したということのようです。

その言葉は、原日本人は一語から始まりました。たとえば、ハ（歯）、メ（眼）、テ（手）、ミ（身）、マ（股）などで、恐いものは「カ」といいました。

原日本人が恐かったのは、雷鳴りとか、人に噛みつく動物だったようです。雷はゴロゴロピカリ、ドカーンと天地に鳴り響く轟音を発し、時には光りの玉に撃たれて、黒焦げて死んでしまう者もいたからです。

また、蛇は生理的にも好きになれなかったらしいのです。特に蝮に噛まれたら悶絶死するほかありません。女房も怖かったようです。浮気でもしようものなら、顔をひきつらせて噛みついてきて、その形相たるやまことに怖いものです。今でも怖いもの、畏敬的存在を「カ」と言っています。カミなり、カミさん、カむ、カッとなる、カみさま、カみつく、おッカさま、などです。

ところで、家は古代から女のものという認識がありました。これはカミさまが高天原に住んでいたとき、イザナギ、イザナミのカミが高天原で出会って、イザナミが

「結婚するなら家を建てましょう」と言って、土を掘り天の御柱《みはしら》を立て竪穴式住居のスイートホームをつくって、二人はその中でまぐあいしたのです。それ以来、家は女のものとなったのです。だから、嫁入りすることは、家に入って一家を護る第一歩ということなのです。そういうことで、女の家と書いて「嫁」というのです。家に入った嫁は、すぐに「家内」と呼ばれることになり、やがて奥まで取り仕切るようになると「奥様」となって、家になくてはならない大黒柱となります。そして「お上（カミ）さん」と敬愛されるのです。

　ところで家の奥には部屋もあり室もあって、お部屋さまとかお室さまと呼ばれる隠し女がいることもありました。室は女の室だから膣と同意語でもあるのです。だから亭主がちょこちょこ膣のなかの豆をつまみ食いするので、おカミさんが角を出して噛みつくのです。

　こうなると、家内に「お」がついて、おっ家内（怖い）おカミさんとなるので、家はたいがい鎮まるのです。

死にたくない人生

人生八十年の時代となり、第二の人生も行先長くなったものです。

私の親父は連れ添いよりも、三十年余計に生きて九十五歳で逝きましたが、医学誌などによると〝人間は大切に使えば百二十歳まで生きられる動物とあります。〟百歳まではとは言わないまでも、せめて親父の歳までボケずに生きれば儲けものと思っています。

親父は人に好かれる人でした。人との会話の中で「俺は何時死んでもいいー」と陽気に人を笑わせていましたが、ある日「本当は死にたくねえよー」と言っていたと女房に聞かされて、人はえてして本音の裏返しを言うのだと大笑いしたことがあります。

人は体力、気力のある時が花です。だが御大層な肩書きや金持ちになりますと、人は来るなと言っても寄ってきますが、無役になると途端に社会からも、家族からも、鼻もひっかけられなくなります。悔しいことです。虚しさ寂しさ不満が募って心にもないのに〝死んだ方がいいー〟などと言わしめて、人の気を向けさせることになります。

先ごろ街の中で、一つ年下の後輩と三十年ぶりに出会って立ち話しとなりました。妻を実家の墓に入れてある

ので線香あげにきたのだと言っていました。私はツンツルテンになったおつむを見て、「元気なようだねー、仏さまのようないい顔をしているね。」と冗談に言うと「身軽になったからアハハ」と、屈託なく笑いました。

彼は財務官僚を退職してから、大学教授に招かれましたが、肩肘張っていて、寄り付き難かったのですが、退官後間もなく奥様を失い、今は家を倅さん夫婦にまかせ、その近くのマンションで一人暮らしと言っていました。「女房が亡くなってからカルチャーセンターに通って五年になります。面白く一日一生で過ごしています。女房が死んだ時はドン底でうちのめされて、何もやる気しませんでしたが、今は趣味の仲間もできてー」と、人が変わったように柔和な表情で饒舌に喋り、「ではお互いに健康で過ごしましょう」といって別れましたが、私は（人は変わることができるのだな）と、彼の後姿を振り返って見ました。

人をみくびるような尊大な彼でしたが、心気一転、市井の人になるには、さぞかし苦しい心の葛藤があったに違いない。だが趣味を通して、いろいろな階層の人たちとの交流の中で、人の目の高さでものごとを見ることによって、己の安心の場を得たように感じられました。

私も彼の言う「一日一生」の言葉と〝暮れてなお　命の限り蟬しぐれ〟の歌のように、余生を惜みながら、こだわりのない安らかな日々を過ごし、死の間際になっても「死にたくない」と一生を過ごせたら、と思ったりしたものです。

性は生なり

ある本を読んでいたら、「人間は大切に使えば百二十歳まで生きられる動物」であると書いてあって驚きました。また、先頃テレビを観ていたら、「動物は概ね種族保存の交尾と同時に生命は終わるが、交尾期の秩序を持たない旺盛な動物ほど寿命が長い」と、性と寿命の関わりについて話合っていました。

なるほど「性は生なり」臍下丹田の下がまこと寿命の玉であったのかと、愛おしくそっと触れてみたのです。

そういえば、六十路の坂を越す頃から、臍下一寸の我が子と疎遠久しきに気付きます。おやおや霜降り色にすっかり退行して玉の精はすっかり消チンの態なのです。

これでは駄目だ。気持だけでも「性は生なり」発奮せよ、と意識がせこづきます。

「人生百二十年」、これからもやりたい仕事は山ほどあります。性のストップは、種族保存の生産行為を終わった雄のカマキリのようなものでしょう（雄のカマキリは生産行為を終わると雌のカマキリに食べられてしまう）。これ即ち生命のストップに外なりません。とんでもない。いまのご時世では五十、六十は洟《はな》垂れ小僧です。歳など関係ありません。まだまだ世捨ては早い。枯れた井戸も汲みだせばこんこんと涌いてくる。大いに精気を復活させね

ばと、金の精をこずいてみました。

とは言うものの、年齢相応の節度も肝要でしょう。あまり張り切りすぎて年寄りの冷や水にならぬよう自重もせねばなりません。

貝原益軒は養生訓のなかで、「六十歳以上になったら精器を閉じて漏らさずがよい。みだりに精器を動かすことは寿命を縮める原因となる」と戒めています。これも傾聴すべきかもしれません。

ともあれ、六十からはシルバー人生、美しく生きたいものです。若い気持を失わず、精を養い命のある限り生きてゆきたいものです。

第二部

先人の叡智に学ぶ

釈迦の教え

仏教の開祖釈迦は、紀元前五六五年インドの釈迦族のカピラ城王子として生まれ、日々何の不自由なく過ごしていましたが、静かに瞑想思索に座する方でした。二十九歳の時、密かに王宮を出て、山奥に籠って、身をさいなむ苦行を続けました。だが心の悩みは解決しませんでした。苦行に疑問をもった釈迦は山を下り、ブッダガヤの菩提樹の下で瞑想中豁然、悟りがひらけて悟れる聖者の仏陀となられました。

時に三十五歳でした。この後仏陀は人々が幸福になる仏教真理の布教を続けて八十歳の高齢で入寂《にゅうじゃく》しました。

仏教の教えの根本は、分別心をなくして、皆平等という心を持ち、快楽に耽らず、身体を苦しめず、いかなる極端にも偏りしない中道をいくことが幸福への道であると諭しています。

縁起

その道理は「人は常に他のものと関係しあって生起している。〝これあれば彼あり、これ生ずれば彼生ず。これ無くば彼なし。これ滅すれば彼滅す〟すべては他のものの存在を条件として成立している。これを縁起という」この理法によって、

四諦

一、人生は本質的に、一切は苦であると見極める（苦諦《くたい》）。

二、その苦しみの原因は、自分を中心として考える欲望、執着、そして世間的な繁栄や出世へのあこがれ、死にたくないという思い（集諦《しったい》）。

三、この悲しみの原因となる欲望を断ち切ったとき、人は最高の知恵で涅槃の境（幸せな状態）に達することができる（滅諦《めったい》）。

四、そのための具体的な知恵とは、一方にかたよらない、八つの正道（穏当な道）が最も重要であると説法したのです（道諦《どうたい》）。

（諦とは、道理、真理をいいます）

八正道

苦しみからのがれるための八つの方法

正《しょう》見《けん》（正しく物事を見る。自分の心が固定観念に支配されているかいないか、誤まっていないか、正しいかよく見定めること）

正《しょう》思《し》惟《い》（正しく考える。あらゆる状況にあっても、固定観念を混えず、志を正しくもち、慾や怒りを抑える）

正《しょう》語《ご》（正しく語る。うそや悪口、うわさ話、自慢話など不確定なことを言わず、正しい心を持ってやさしい言葉で言う）

正《しょう》行《ぎょう》（正しく行う。殺生、盗み、欺き、不倫、酒などに溺れず、他人に害を与えたり、不正な仕事はしない）

正《しょう》命《めい》（正しく生活する。人は欲望に満ちている。嫉見することなく、貪ることなく、悪しき消耗の種を散らさない、正しい生活を送る）

正《しょう》精《しょう》進《じん》（正しく努力する。他と比較することなく、あるがままの自分を見据え、落胆することなく、淡々と努力し、悪い行為は繰り返さず、良いことは即実行）

正《しょう》念《ねん》（正しく念じる。何のてらいもなく、心の平静を保って、何人にも真剣に対処し、偏りない、正しい生活を送る）

正《しょう》定《じょう》（正しく心を決定させる。好き嫌いをなくし、何ものにもとらわれない正しい心を持って、どんな誘惑にも動じない、心も動じない）

愛着、欲望に
とらわれたり
振りまわされない
生き方

人生の苦悩（四苦八苦）

「一切」はなぜ「苦」なのか

（四苦と四苦を合わせて四苦八苦という）

一、生苦《しょうく》（生まれる苦しみ）

二、老苦《ろうく》（年老いておとろえていく苦しみ）

三、病苦《びょうく》（病に苦しむこと）

四、死苦《しく》（死ぬことの苦しみ）

五、愛別離苦《あいべつりく》（愛するものと別れる苦しみ。生者必滅、会者定離の真理）

六、怨憎会苦《おんぞうえく》（怨み憎む者と会う苦しみ。会いたくない者と遭わなければならない苦しみ）

七、求不得苦《ぐふとっく》（求めても得られない苦しみ。物を欲しいと思わなければ、苦しみはない）

八、五蘊盛苦《ごうんじょうく》（人の心と肉体のことで、自我に執着することから発する苦しみ）

五蘊　一切の物質的存在。

十牛の図

「十牛の図」は、禅の修行の過程を、絵で示したもので、別名「牧牛の図」とも呼んでいます。十牛とは尋牛、見跡、見牛、得牛、牧牛、騎牛騎家、忘牛存人、人牛倶忘、返本還源、入鄽垂手の十を示します。これらの図は、禅の悟りを牛にたとえたもので、第一図から順に、修行をして、悟りを得てからの在り方を示すものです。

尋牛童子《じんぎゅうどうじ》

牧童が逃げた牛を探しに行く。だが、あてがなく右往左往している。牛とは、本来自分の姿である。

見跡《けんせき》

牛の足跡を見つけて、牛が近くにいるのを知る。求める方向を見い出したような心になった。

見牛《けんぎゅう》

逃げた牛を見つけた。だが、まだ捕まえたわけではない。いかに捕らえるべきか。自分の姿をちらっとだけ見出したところ。

得牛《とくぎゅう》

牛が捕まえられまいとして、逃げようとするところを、やっとの思いで捕まえることができた。努力の甲斐あって、求めるものを得たが、まだ自分のものになっていない不安がある。

牧牛《ぼくぎゅう》

牛を馴らそうとしている。
だんだん馴れてきた。だが、まだ不安なので、手綱をしっかり締めて
何とか自分のものにしようとする。

騎牛帰家《きぎゅうきか》

牛と牧童が打ち解けて、牧童が牛の背に乗って家に帰る。
求道者は、本来の自己と一体の境地になる。

忘牛存人《ぼうぎゅうぞんじん》

牛を連れて帰ると、牛はすっかり馴れついて、逃げようとはしない。牧童も家の中、笛などを吹いている。

牧童は牛を手中にしたという満足感を得て、牛もまた開放されて、悠然としている。

人牛倶忘《じんぎゅうぐぼう》

牛も牧童も共に存在を忘却してしまう。空白は悟りの心。

こだわりから開放された、究極の真理。空の境地。

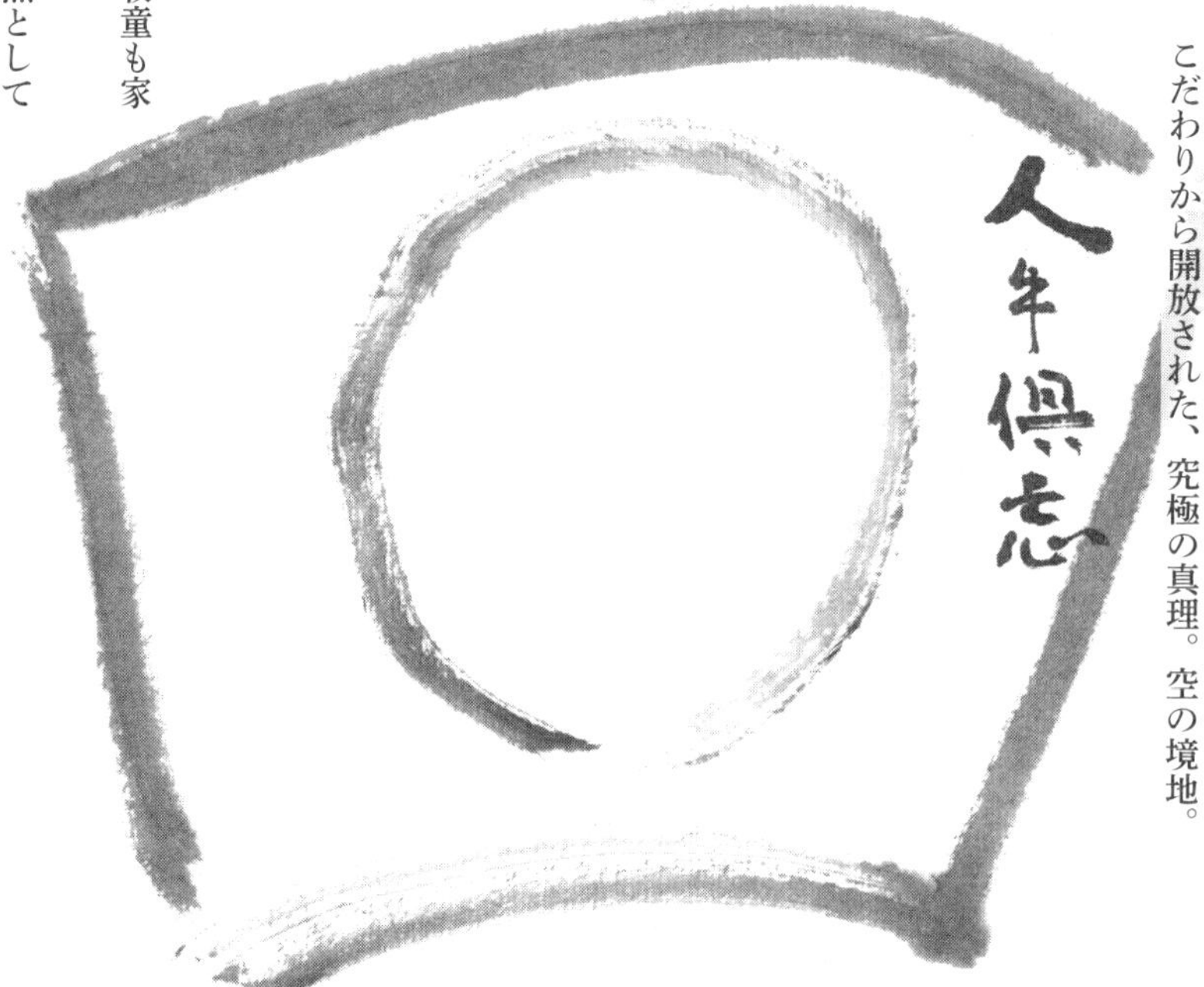

返本還源《へんぽんかんげん》

そこにはただ大自然があるだけ、万法は一致に帰す。おおらかに伸び伸びと生きることが、本当の生き方。騰々《とうとう》として天に任す。

入鄽垂手《にゅうてんすいし》

何事にもかかわらない自然の境地。入鄽とは家に入ることで、悟りの中に安住するのではなく、全ての煩悩と分別を無くして、衆生済度に生きる。

あるがままに生き、そして自然の形で人に功徳を施す。

二十四孝

「二十四孝」は、中国で古来から語り継がれている、有名な親孝行二十四の物語です。

私という個体は、父母の血肉を受けて出生し、「父にあらざれば生まれず、母にあらざれば育たず」の養育と、多くの人々の恩愛を享受しながら今ここに存在しています。そして爺さま婆さま、先祖代々から綿々と続いてきた血縁は、やがて子に、そして孫へと永劫に伝わって行くのです。

ところで動物界では親の分身であるわが子を、親は身命を賭して必死で守るという情景を見るのは珍しいことではありません。これらは種族保存の本能行為と受け止められるのですが、逆に子が親を扶養するという営みは、人間以外の動物であまり見ることはありません。

親を敬愛し、弱いものを扶養するという心根は、人間だけが培ってきた文化生態なのです。自然界の霊長といわれる理由もここにあるのです。したがって、親や先祖を大切にすることは、人間社会のなかで、単に人が守るべき倫理ということ以上に自分自身を大切にする行為でもあり、これが他者への思いやりとなって、人間存在の元となっているのです。なお二十四孝には異なるものもあります。

董水《とうすい》

葬父貸方[*1]香《ちちをそうするにほうかをかる》
天姫陌[*2]上迎《てんきはくじょうにむかう》
織絹償債主《きぬをおくってさいしゅにつぐなう》
孝感尽知名《こうかんことごとくなおしる》

董水は、幼くして母に死別し、父と二人で住んでいました。家は貧しく、父は足が不自由なため、小さな車に乗せ、田を耕すときも、田の道まで連れて行き世話をしていました。

そうした父が亡くなり、葬式を出すことになりましたが、貧しい董水には葬式費用がありません。

そこで自分の身を十貫で売り、家に帰ろうとした時、一人の美女と出会いました。女は董水に妻にしてほしいと言って、董水の嫁になりました。

それから一か月の間、妻は絹織物三百匹を織り、これを売ったお金で、董水の身を買った債主にお金を返しました。

董水は自由の身となることができました。

実は董水の妻は、董水の孝行心にうたれた天神が遣わした織女だったということです。

＊1 **方**　方は方形、すなわち棺。
＊2 **陌**　あぜみち。

孟宗《もうそう》

泪滴《なみだしたた》り朔風*1《さくふう》寒《さむ》し　蕭々《しょうしょう》竹《たけ》数竿《すうかん》なり
須臾*2《しゅゆ》春筍*3《しゅんじゅん》出《い》ず　天意《てんい》平安《へいあん》を報《ほう》ず

孟宗は呉の人で、幼くして父に死なれ、母と二人で暮らしていました。

母は病弱なのに、毎日変わった食べ物をほしがりました。

ある冬の日のこと、母が竹の子を食べたいというので、孟宗は雪の深い竹藪に入って、一生懸命竹の子を探しました。

冬に竹の子などあろうはずもありません。途方にくれていると、突然大きな音とともに大地が裂けて、沢山の竹の子が生えてきました。

孟宗は喜んで、竹の子を持ち帰って母に食べさせると、それまでの母の病気はうそのように治って、幸福に暮したということです。

*1 **朔風**　北風のこと。
*2 **須**　わずかの間。
*3 **春筍**　竹の子。

閔《びん》氏《し》騫《げん》

閔氏有賢郎《びんしありけんろう》　何曽怨晩娘《なんぞかつてばんちょうをえんず》

尊前留母存《そんぜんとどめてははあり》　三子免風霜《さんしふうそうをまぬがる》

孔子の弟閔氏騫は、幼くして母を亡くして、その後父は後妻をもらいました。

後妻には二人の連れ子がいました。継母は連れ子を可愛がって、閔氏騫をひどくいじめました。

寒さの厳しいある日、粗末な着物を着せられて、寒さに震える閔氏騫をみた父は、遂に妻と別れることを決意しました。

しかし閔氏騫は、今つらい思いをするのは私一人です。しかし、今、離婚をすれば、私も、そして二人の弟達もつらく、寒い思いをしなければなりませんといいました。

このことを傍で聞いていた継母はさすがに改心して、以後、一家は幸福に暮らしたということです。

山谷《さんこく》

貴顕聞天下《きけんてんにきこえ》
平生孝事親《へいせいこうにしておやにつかう》
汲泉涓*1溺*2器《いずみをくんでにょうきをけんす》
婢妾豈無人《ひしょうあにひとりなからん》

山谷は、宋時代の詩人で、沢山の使用人がおり、妻もいましたが、自らも年老いた母の大小便の世話から、細々《こまごま》としたことに、心をつくしていました。

山谷の詩が美しく、人の心をうつのは、そうした優しい心があふれたものであったからです。

*1 **涓**　のぞき清める。　*2 **溺**　尿水。

漢文帝《かんぶんてい》

仁孝臨天下《じんこうてんかにのぞむ》
巍々[*1]冠百王《ぎぎとしてひゃくおうにかんす》
漢廷事賢母《かんていけんぼにつかう》
湯薬必親嘗《とうやくかならずみずからなむ》

漢の文帝は、四万余りの国を治めた偉大な皇帝でした。母の食事には、皇帝自ら味見をしていました。

そういう皇帝だったので、皇帝兄弟は漢文帝に見習い、慈愛深い者ばかりでした。

たしかに孝行の道というものは、上は皇帝から庶民に至るまで見習うべきものですが、なかなか大国の皇帝が実践できるものではありません。

そうした文帝の治めた漢は、豊かで人々も幸福に暮せた国でした。

＊1　**巍々《ぎぎ》**　高大でおごそかな様子。この場合は魏の国のことを言っている。

剡子《ぜんじ》

老親思鹿乳《ろうしんろくにうをおもう》
身掛褐毛衣《みにかつもうのころもをかけ》
若不高声語《もしこうせいかたらずんば》
山中帯箭[*1]皈[*2]《さんちゅうせんをおびてかえらん》

親孝行な剡子という者がいました。

年老いた両親はともに目を患っていました。

ある日のこと、鹿の乳が目の患いに良い薬になると聞いた剡子は、鹿の皮を被って鹿の群れの中を、乳を求めてさまよいました。

剡子の扮する鹿を本物と思った狩人が、矢を向けて構えたのです。

狩人の矢に気づいた剡子は、立ち上がって、狩人に事情を話し、どうやら難を逃れることができました。

人が鹿に化けたからといって、たやすく乳を得られるはずもありませんが、親孝行の剡子は、何時までも乳を求めて、鹿の群れの中をさまよっていたということです。

＊1　箭《せん》　矢のこと。
＊2　皈き　帰ること。

大舜《だいしゅん》

隊々耕春象《たいたいとしてはるぞうがたがやす》*1
紛々転草禽《ふんぷんきんくさをかる》*2
嗣堯登宝位《ぎょうしほうえのぼる》*3
孝感動天心《こうかんてんをうごかす》

聖帝といわれた大舜は、とっても孝行な人でした。父は鼓叟《こそう》といって偏屈で強情で、母もまた心の曲がった人でした。さらに弟も怠け者で、ひどく威張っていました。

そのような家庭で育った大舜であったが、ひたすら孝養をつくしました。

ある日のこと、大舜が田を耕していると、象が列をなして耕作を助けてくれ、鳥が飛んできて雑草を食い千切ってくれました。

このことを聴いた当時の皇帝堯帝は、愛姫を大舜に嫁がせて、皇位を大舜に譲ったということです。

*1 **春** 草の芽生える時。 *2 **転** 草を刈る。 *3 **嗣堯** 堯は中国伝説上の聖天子で、堯帝の後の皇帝を嗣ぐという意。

蔡順《すいじゅん》

黒椹[*1]奉親闈《こくじんしんいにほうずる》　啼飢涙満衣《うえにないてなみだころもにみつ》
赤眉[*2]知孝順《しゃくびこうしんをしたって》　牛米贈君帰《うしこめをおくってきみにかえらしむ》

蔡順の生きた時代は、世の中がひどく乱れて、食物も十分になく治安はいたって悪い時代でした。

蔡順が野の桑の実を採りに行って帰り道のこと、強盗が現れて、蔡順がカゴに集めた桑の実を奪って逃げました。

カゴは二つあり、熟したものと、まだ硬いものに分けてありました。それに気付いた強盗はその訳を問いただしました。

蔡順は、熟したものは母に与えるもの、青く硬いものは、私の分だと答えました。

強盗はひどく心をうたれ、持っていた米二升（一升は約一・八リットル）と牛の足の一本を蔡順に呉れたのでした。

ところが、不思議なことに、その米も牛の足もいくら食べてもなくなりませんでした。それは、天が蔡順の優しい心に動かされたためでした。

＊1　**椹**《じん》　柿の実のこと。
＊2　**赤眉**《しゃくび》　赤い大きい天の意。

曽参《そうしん》

母子《ぼし》纔《わずかに》[*1]方《まさに》噛《かむ》　児心《じしん》痛《いたみを》不禁《きんぜつ》

負薪《たきぎをおうて》帰来《きょらい》晩《おそし》　骨肉《こつにく》至《し》情《じょう》深《ふかし》

曽参は、春秋時代の思想家です。

曽参の親友が、家を訪ねてきた時のこと。あいにく曽参は森へ薪を採りに行っていて母が一人で留守番をしていました。

曽参の家は貧しく、客のもてなしを十分することが出来ないため、留守番を預かる母は、曽参を一刻も早く家に戻らせることが、何よりもてなしと考え、母は自分の指をギューと噛むと、遠くの森にいる曽参は、胸騒ぎを覚えるので、急いで家に帰ることが出来ました。

このように心と心が相通じるのは、子の孝行と親の情がよほど深いためであったからです。

*1 纔《さん》　ようやく、わずかの意。

唐夫人《とうふじん》

老敬崔[*1]家婦《ろうけいさいかのふ》　乳姑晨盥[*2]梳[*3]《ははにちちをあたいあしたにかんをしょす》
比恩無以報《このおんほうずるをことをもってなし》　願得子孫如《ねがわくばしそんかくのごとし》

唐夫人は、年老いた姑が、歯が悪いので、日頃から乳を飲ませ、毎日髪をすくなど、本当によく仕えていました。

ある日のこと姑は、重い病気に罹り、自ら死を悟って、一族の者を呼び集め遺言しました。

「私が、唐夫人の数年に及ぶ恩を返さず、今死ぬことは誠に心残りですが、私の子孫達が唐夫人を見習えば、必ず一族は栄えるであろう」と言い残しました。

この遺言を守った唐夫人の子孫達は皆、富み栄えたということです。

＊1　崔《さい》　山が険しい、おだやかでないという意。
＊2　盥《かん》　たらい、洗いすすぐの意。
＊3　梳《そ》　くしけずる、すくの意。

揚香《ようこう》

深山逢白額《しんざんはつかくにあう》＊1
努力搏腥《ぬりきせいふうをはくす》＊2風
父子倶無恙《ふしともにつつがなからん》
脱身饞《みをざんこうのうちにまぬかるな》＊3口中

楊香が父と二人で森を歩いていた時、荒れ狂った虎が、今にも父に襲いかかろうとしました。

楊香は、自分の命と引き換えに父を助けてください、と天に祈りました。すると、今まで猛々しく父を襲おうとしていた虎が、尻尾を巻いて森の奥深く消えていったということです。

＊1 額《がく》 ひたいのこと。
＊2 腥《せい》 殺伐とした気配、なまぐさいの意。
＊3 饞《ざん》 ようやくの意。

黄香《おうこう》

冬月温衾[1]煖《とうげつふすまをあたためあたたかにす》
夏天扇枕涼《かてんまくらをあおいでりょうとす》
児童知子職《じどうしょくをしり》
千古一黄香《せんこいちおうきょう》

黄香は、九歳の時、母と死別しました。

その後、父を大切にし、夏には枕や敷物を団扇で涼しくして、冬には布団を自分の温もりで温めていました。

このことを聴いた地方長官の劉は彼の孝行を、立て札にして褒め称えたということです。

*1　衾　ふすま、掛け布団の意。

丁蘭《ちょうらん》

刻木為父母《きをきざんでふぼとなす》　形容在日新《けいようざいじつあらた》
寄言諸氏姪《ことばをよすしょうしてつ》*1　聞早孝共親《はやくきいてそのおやにこうす》

十五歳の時、母を亡くした丁蘭は、母の木像を彫って、生前同様に世話をしていました。

丁蘭の妻は、この木像に嫉妬して、木像の顔に火を当ててしまいました。すると木像は生きた人のように、顔が腫れあがり血やうみまで吹き出てきました。

それから二日後、丁蘭の妻の頭髪がすっかり抜けってしまったのです。

妻は悪心を深く詫びて、道端にお堂を建て、そこに義母の木像を納めて、ひたすら仕えました。

するとある夜、木像は自ら家に戻ってきました。このように不思議なことが起こるほど、丁蘭は親孝行でした。

*1 **姪**　めいのことだが、このばあいの姪は妻のこと。

老萊子《ろうらいし》*1

戯舞学嬌*2凝《ぎぶきょうをまなぶ》
新風動綵衣《しんぷうさいをうごかす》
双親開口笑《そうしんくちをひらいてわらう》
喜色満庭闈《きしょくていえにみつ》

老来子は、七十歳になるのに、常に可愛らしい服をきて、幼い子供のように振舞って、年老いた両親のためによく仕えていました。

すでに七十歳にもなる老来子が、そのように馬鹿げたことをしているのは、自分の歳をとった姿を、両親にみせると親も年老いたものだと思い込んで、悲しむだろうと考えてのことだったのです。

*1　**老来子**　春秋時代楚《そ》の国の思想家、世を避けて隠楼《いんろう》し、楚王の招きにも応じなかった。
*2　**嬌**　愛らしい。

朱寿昌《しゅじゅしょう》

七歳生離母《ななさいにしてりぼをしょうず》
参商[*1]五十年《さんしょうごじゅうねん》
一朝相見面《いっちょうおもてをみず》
喜気動皇天《ききこうてんうごく》

七歳のとき母と生き別れた朱寿昌は、五十年もの間、母に逢う機会がありませんでした。

しかしいつか母に逢いたいものだと思い続けていました。

朱寿昌は意を決して、役人としての高い地位を捨て、妻子とも別れて、母を尋ねて旅立ちました。

そして母へのつのる思いを、自分の血で経文に書いて天に祈りました。そして遂に母に逢うことができたということです。

*1 **参商** 参は西の星、商は東方の星で、夜空に同時にあらわれないことから、遠く離れていて逢う。

王褒《おうほう》

慈母怕*1聞雷《じぼらいをきくことをおそれる》
氷魂宿夜台《ひょうこんやだいにしくす》
阿香*2時一震《あきょうときにいっしん》
到墓遶千回《はかにいたってめぐるせんかい》

＊1　**怕**　おそれるの意。
＊2　**阿香**　阿は墓、香は良い香りの意。

王褒の父は、皇帝に無実の罪で捕らえられて、遂には死刑に処せられました。

父の墓にひざまずいて、傍らの柏の木にすがって泣く王褒の目からは、とめどなく涙があふれ出て、木を枯らすほどでした。王褒は皇帝を恨んで、生涯皇帝に背を向けて座ったといいます。

さらに、母はひどく雷を恐れた人でしたので、母の死後も雷がなると、直ぐ母の墓に行って、優しく見守ったといいます。

庾黔婁《ゆきんろう》

到県未旬日《けんにいたっていまだじゅんじつ》
椿庭過病深《ちんていやまいふかきにあり》
願将身代死《ねがわくはみをしにかわり》
北望啓憂心《ほくぼうゆうしんをけいす》

庾黔婁は、県の長官として、故郷を離れて役人として勤めていました。

ある日、急に胸が苦しくなって、これは虫の知らせであろうと、高い位の役職を棄てて故郷に帰りました。

すると父が病気で伏していたのです。父の具合を医者にきくと「病人の糞を舐め、にがければ治る」と言われたので、早速、父のものを舐めてみると、少しもにがくなかったのです。

庾黔婁は、深く嘆き悲しんで、天に向かって、父の命を自分の寿命と取替えてくれるように頼んだといいます。

張孝《ちょうこう》・張礼《ちょうれい》

偶値緑林[*1]児《たまたまりょくりんのこあり》　代烹[*2]云廋肥《そうにかわってひをたべよという》
人皆有兄弟《ひとみなきょうだいあり》　張氏古今稀《ちょうしここんまれなり》

八十歳を過ぎた母をもつ張孝、張礼の兄弟がいました。

飢饉の年のこと、弟の張礼が、山の木の実を採りに出かけると、空腹の鬼が現れて、張礼を一飲みにしようとしました。すると張礼は「わたしを食べるのは勝手だが、せめて母に、木の実を届けてからにしてくれ、もし約束を破るようなら、家の者みんな食べても構わない」と鬼に告げると、急いで家に戻り、母に木の実を食べさせました。

張礼はすぐさま鬼のところに引きかえすと、兄がその後を追って来て、鬼にむかって「私の方が張礼より太っているから、私を食べなさい」と、互いに言い張ってひきませんでした。

さすがの鬼も、この二人をみて、食べることをあきらめ、兄弟に米三石と塩二俵をくれていったというのです。

＊1　緑林　盗賊のこと。
＊2　烹　煮て殺す意。

姜詩《きょうし》

舎側甘泉出《そくしゃかんせんをいず》　一朝双鯉魚《いっちょうそうりぎょ》
子能知事母《こよくははにまことをつかう》　婦更孝於姑《ふさらにははにこうす》

姜詩の母は、大河から汲んできた澄んだ水を飲み、新鮮な魚でつくったなますを食べるのが何よりも好きでした。

姜詩の妻は、毎日六、七里もある大河まで水を汲みに行き、そこで獲れた魚でなますを丹念に料理して夫婦ともども母に良く仕えました。

ある日のこと、姜詩の家の近くに大河のような水が湧き出て、毎日のように鯉が泳ぎまわったので、その後は遠くの大河まで行かなくても、たやすく澄んだ水となますを得ることができるようになりました。

こうした不思議なことが起きたのも、夫婦の孝行が天に通じたからということです。

陸績《りくせき》

孝悌《こうてい》[*1]皆《みな》天性《てんせい》　人間《にんげん》六歳児《ろくさいじ》
袖中《しゅうちゅう》緑橘《りょくきつ》を懐《かい》し　母《はは》に遺《おく》って含飴《かん》を報《ほう》ず

陸績がまだ六歳の時、袁術という人のところへ行きました。その折りおやつに橘《みかん》をもらいました。陸績はそれを一つ食べて、あとの残りを袖に入れて、お礼を言って帰ろうとしました。すると、陸績の袖から、橘が一つ落ちてしまいました。

子どもが食べずに帰るのは子どもらしくないので、訳を聞いたところ、「大変おいしかったので、母にいただいて帰ろうと思いました」と言ったので、袁術は、幼い者にしては優しい心遣いであると感心したということです。

*1　孝悌《こうてい》　親に仕えること。

呉孟《ごもう》

夏夜無帷帳《なつのよいちょうなし》
蚊多不敢揮《かおおくしてあえてふるわす》
恣渠[*1]膏智飽《ほしいままにしてかれがこうけつのあくを》
免使入親闈《まぬかるしむことをしんにいれ》

呉猛の家は、とても貧しく、夏になっても蚊帳《かや》すら吊ることができませんでした。

呉猛が八歳になったばかりの夏。親を蚊から守るため、自分の衣類を脱ぎ棄てて、親に掛けてやり、蚊が親の方へ行かないようにして、自分は蚊の餌食になっていたということです。

*1 **渠**《きょ》 溝のこと。この場合は蚊が吸いやすいようにという意。

王祥《おうしょう》

継母人間有《けいぼにんげんあり》　王祥天下無《おうしょうてんかなし》
至今河水上《いまかすいのうえにいたって》　一片臥氷模《いっぺんひょうにがすをす》

王祥は、幼くして母に死に別れ、父が新しい妻をもらいました。

継母はなにかと王祥に辛くあたりましたが、王祥は恨むことなく、良く孝養をつくしました。ある冬の日、継母が生魚を食べたいというので、川の魚を獲りに行きました。しかし、川はすっかり氷に閉ざされて、魚を獲ることができませんでした。

そこで王祥は、衣服を脱ぎ棄てて、裸になって、氷の上に寝転びました。すると王祥の体温で、みるみる氷が割れて、魚が数匹躍り出てきました。王祥は、その魚を継母に食べさせてあげました。

冬になりその川に氷がはると、王祥が寝ころんだ形が今でもできるといいます。

田《た》真《しん》・田《た》広《こう》・田《た》慶《けい》

海底紫珊瑚《かいていのしさんご》　群芳《ぐんほう》*1総不和《すべてしかず》
春風花満樹《しゅんふうまんじゅにはな》　兄弟復同居《きょうだいまたどうきょ》

田真・田広・田慶の三人兄弟がいました。親が亡くなり財産を等分に分けましたが、庭にある紫荊《しけい》*2という樹木だけは分配することができませんでした。そこでその樹木を三つに切って分けようということになりました。

　翌朝三人が木を切りに集まると、昨日まで元気よかった木が、突然萎《しお》れてしまいました。

　木にも心があります。三人が紫荊の樹を切ろうとしたために、元気がなくなって萎れてしまったと嘆きました。兄弟たちは、両親が大切にした紫荊樹を一層大切に扱うようになると、木は見る見るうちに元気を取り戻したということです。

＊1　**群芳**　多くの花の意。
＊2　**紫荊**　紫色のばらの意。

郭巨《かっきょ》

貧乏思供給《びんぼうきょうきゅうをおもう》
黄金天所賜《おうごんてんよりたまう》
埋児願母在《ちごをうめてぼそんをねがう》
光彩照寒門《こうさいかんもんをてらす》[*1]

郭巨は母と妻、そして子ども一人の四人暮らしでした。

子どもが三歳になった時のことです。

郭巨は、自分たちに子どもがいるから母は、自分は食べずに、孫に食事を分け与えてしまうのだと思い、子どもはこれからも授かるが、母は二度と授からないから、母とは再び暮すことはできないと考えました。

郭巨は妻と相談して、子どもを山中に生き埋めにしようと、涙ながらに地面を掘っていたら、土中から黄金の釜が出てきたということです。

＊1　寒門　貧しい家の意。

人生の三楽者

人は誰もが「健康で長生きしたい」とねがっています。この思いは歳を重ねるごとに強くなります。

特に、金持ちになったり権力を持つと、生へのこだわりは露骨になります。いかに天下の富を集めて宝の山を持っていても、短い命で終わっては悔恨が残ります。

しかし、富貴栄達だけでは、本当の幸福は得られません。

昔から、真の幸福とは、

「長生きして、善を楽しむこと。毎日の健康を楽しむこと。そして人生を十分に楽しむこと」です。

この三楽が幸福の根本だと言われていますが、ここに紹介するのは、人生の三楽を全うした長寿者たちの生き方です。

なかには想像上の人物もいますが、おとぎ話の心癒しになればと書き加えてみました。

西王母《さいおうぼ》

正華至妙《せいかしみょう》の気から化成《かせい》した精霊で、女仙の領袖《りょうしゅう》。人の身でありながら、豹《ひょう》の尾と虎歯《こし》を持つ長生不老の象徴神です。西王母の住む宝殿崑崙玄圃《こんろんげんぽ》の揺池《ようち》には、三千年に一度だけ実を結ぶという蟠桃《ばんとう》（中国原産の幻の桃）があり、これを食せば、寿命が延びるという。

しかし崑崙玄圃の宮殿に行くには、羽根のついた、風のような乗り物でなければ行くことはできないという。

乙女仙人麻姑《おとめせんにんまこ》

麻姑は仙人王方平《ほうへい》の妹で、歳は十八、九歳。三月の西王母誕生日には、不老不死の霊芝《れいし》酒《しゅ》を献じています。霊芝酒は絳球畔《こうきゅうはん》で醸造したもので、酒つぼは蓮葉《はすは》で覆っています。

麻姑は普通髪を腰まで垂らし、手の爪は鳥のようですが、衣はきらきらと輝いています。また麻姑が米を手に取って地に撒くと、米は真珠になったといわれています。

老子

道教の開祖なる神仙 無始無終の存在

道家の祖、老子は、紀元前六〇〇年頃、殷《いん》時代に生まれました。その出生は、母がある夜、巨大な流れ星が家の近くに落ち、その衝撃で老子を宿したと言い伝えられています。成長して老子は周王朝に仕えました。その頃すでに老子は世間から、隠れた賢者と評されていました。

ある時、老子に面会を求め、教えを受けた孔子は、その人物を評し「天に昇る龍のような人物で、計り知ることのできないほどの人物」と語ったといいます。

やがて老子は、王朝での職を辞し、青牛《せいぎゅう》に乗って西方へ旅立ちました。そして函谷関《かんこくかん》を通ろうとした時、関守《せきもり》の尹喜《いんき》の頼みに応じて、「道徳経・上下二巻」五千語を著して、いずことも知れず立ち去ったといいます。

この「道徳経」こそ、宇宙の律動の中に人間の精神的超越を見出す思想、つまり「道徳」という宗教の始めとなったのです。そして道徳天尊《どうとくてんそん》に次ぐ太上老君《だじょうろうくん》として、道家の祖として崇拝されるようになったのです。

彭祖《ほうそ》　七百余歳

顓頊《せんこう》帝の孫で、殷時代すでに七百歳以上だったというのに、少年のように若かったという。もの静かな性格で、本性を養って長命の修業を積み、特に房中術《ぼうちゅうじゅつ》*1に精通していたという。仙気の奥義について彭祖は、「私は四十九人の妻と子を失ったが、何時までも若々しくありたかったら、気を養うことが第一である。そのやり方は自分を損なわないこと、過度にならないこと、更に厨房術に徹し、これに服気導引《ふくきどういん》*2を加えることだ」と明かしたといいます。

*1 **房中術**　古代中国人の性愛秘法。

*2 **服気導引**　中国五千年の健康術。

舜帝《しゅんてい》　百十七歳

中国太古の聖天子。堯帝《ぎょうてい》の没後、位を譲り受けて天子となり、治水に功績のあった宰相の禹《う》に帝位を禅定したといいます。

神武天皇《じんむてんのう》

百八十歳

日本書記の中で、日本国第一代天皇。名はヤマトイワレヒコ。日向を出て瀬戸内海を東に進み、大和を平定して橿原宮で即位しました。

太公望《たいこうぼう》

百二十六歳

中国周時代の政治家。性は呂、名は尚、字は子牙。釣りをしていたところを、周の文王に見出されて、文王、武王を助け、殷国を滅ぼした『史記』に出てくる英雄です。

その功績にとって斉国に封じられました。

武《たけ》内《うち》宿《すく》禰《ね》　二百八十二歳

ワタタラシヒコ（成務天皇）のとき大臣に任ぜられ、中哀天皇のとき諸国に国造《くにのみやつこ》を定めたり、国々の境界を定めて、県主《あがたぬし》制度を設けたりして功績を残したとされています。また新羅、百済に攻め入り、国土を広めようとしたともいわれています。

八《や》百《お》比《び》丘《く》尼《に》

彼女は若狭の国（福井県）の長者、高橋権太夫の娘といわれています。

十八歳の時、知らずに人魚の肉を食べて、不老長寿の身となり、いつまでたっても十八歳のままになってしまいました。

百二歳の時に尼僧となって、諸国を巡り歩き、再び故郷に帰った時、すでに八百歳になっていたといわれます。

彼女はいつも手離さなかった白い玉と、白椿の小枝を持って、宝印寺の洞窟で即身成仏したともいわれています。

達磨大師《だるまたいし》　百五十歳

菩提達磨《ぼだいだるま》は、今から約一五〇〇年前、インドの香《こう》至国《しこく》の王子として生まれましたが僧となり、中国の梁の国に渡って各地で禅を教え、自らも嵩山《すうざん》での面壁九年の座禅で知られました。弟子の神光に第二十九代達磨を嗣がせて、使命を果たした達磨は享年百五十歳で遷化し、珞（洛）陽の熊耳山に葬られました。だが達磨はその墓墳から空を飛んでインドの故郷に帰って行ったと伝えられています。

中国西安碑林博物館
石刻達磨隻履達磨写

蝦蟇《がま》仙人

劉海蟾は、宋時代の道士で、蟾は蝦蟇の意であるところから、蝦蟇仙人といわれていました。

腰に福銭を結び、金色で三本足の蝦蟇と戯れて、銭をまき散らす吉祥人として知られていました。

百歳になっても、童子のようだったといわれています。

百五十六歳の翁と六十四歳の媼

根岸鎮衛《やすもり》の江戸見聞記『耳嚢《みみぶくろ》』（文化十一年・一八一四）の〝老媼奇談事〟に、

「八十歳を過ぎた老人と十五歳の娘が結婚し、三年後に十八歳の妻が、その老人の子どもを産んだ。そしてなんと夫は交わりを百五十六歳まで、妻は六十四歳まで夫婦のちなみ（交わり）あり」と、巷間の話として書いている。

著者は勘定奉行や江戸町奉行などを勤めた官僚ですから、虚言は書かないと思いますものの、現代感覚をもってしても、百五十六歳の寿命は信じられないことです。

現代では、人の生命は大切に扱えば百二十歳まで生きられると言われています。それに近い寿命を全うしている人の多いことも事実です。また、夫が百歳を超える高齢でも、夫婦の性生活に満足して連れ添っていることも否定できません。

百五十六歳までの長命はともかく、夫婦和合は長楽寿命の源泉であることには間違いないようです。

久《く》米《め》仙人

大和（奈良）龍門寺で、仙人の術を修行し、空中飛行術を得て、空を飛び廻っていたところ、吉野川の岸辺で洗濯していた若い女の脛を見て、不覚にも神通力を失い、その女の前に墜落してしまいました。

その後、介抱してくれたその女を妻にして、俗人となって、延年寿歳を全うし、橿原市にある久米寺を創建しています。

オールド・パー　百五十二歳

ウイスキーのオールド・パーのラベルとなったイギリス人、トマースパーは、一四八三年生まれで八八歳で初婚し、百五歳で不義の子をもうけました。

百二十二歳で妻を亡くしましたが、その年に二度目の妻を迎えています。その精力絶倫ぶりは広く知られましたが、一六三五年に没しました。

中願寺雄吉さん　男性世界最高年齢者

福岡県御小部市横隈の中願寺勇吉さんは一八八九年（明治二十二年）生まれで、ギネスブックで男性世界最高高齢者に認定されて、二〇〇三年秋、百十四歳で亡くなりました。

中願寺さんの健康秘訣は、「腹八分目、暴飲暴食をしない」と言い、養蚕指導員や銀行員、民生委員などして、九十九歳まで自転車に乗って地域活動に貢献し、その後は我が子四男一女と孫七人、ひ孫一二人に見守られながら長命を楽しみました。

本郷かまとさん　百十六歳

一九九九年四月ギネスブック「世界最高高齢者」に認定されました。かまとさんは一八八七年（明治二〇年）鹿児島県の徳之島伊仙町で生まれました。一九一四年に結婚して四男三女をもうけ、六三年に夫を亡くし、九十六歳の時、鹿児島市に移りました。孫二十七人をはじめ直系の子孫は百人を超えています。

百十歳を越したころから、丸二日眠り、目覚めると丸二日間起き続けるという、独特の生活パターンを続けました。客が来ると沖縄民謡のテープに合わせて手踊りして喜ばせたり、晩酌に黒砂糖を入れて飲むのを楽しみ、二〇〇三年に死去されました。百十六歳でした。

成田きんさん

二人は一八九二年（明治二五年）八月一日、名古屋市緑区鳴門町の農家に生まれた双子姉妹で、一九一〇年それぞれ近くに嫁ぎ、ともに健康生活をおくりました。

一九九一年数え歳百歳を迎えて、テレビ・新聞などで紹介され、明るく健康的で、名古屋弁の軽妙なやり取りが、多くの人に、生きる喜びを与えて一躍国民的アイドルとなりました。

ギネスブックにも「国民の宝」として掲載されるなど、国際的にも知られるようになっていましたが、惜しくも、きんさんは二〇〇〇年百七歳で永眠。妹のぎんさんは二〇〇一年（平成一三年）二月二八日百八歳で大往生しました。

蟹江ぎんさん

八仙人

神気の修練によって、五福寿福、健康、徳、天壽の妙意を得た聖人達。

呂洞賓《りょどうひん》

立身出世を志した呂洞賓が、都へ行く途中寒《かん》邯鄲《かんたん》（河北省）の茶店で、鍾離権と運命的な出会いとなったが、呂洞賓はその場にうとうとと眠らされて、人生の波乱を夢みることになった。即ち、呂洞賓はたちまち富貴者となり、美人を娶り、子を生み、孫を得て、王候にまで上り詰め八十歳で病気で死ぬ運命でした。

ここで呂洞賓は夢から覚めて、わずかの夢の間に人生の儚《はかな》さを知って、立身出世の志を断念し、鍾離権に弟子入りして、神仙の道に励むことになりました。

呂洞賓は鍾離権から、天道の剣法や竜虎金丹《りゅうこきんたん》の秘法を授けられて、病者を救ったり、また書画を能くし筆墨によって、人々に訓戒を諭すなどの徳をつんだということです。

曹国舅《そうこっきゅう》

曹国舅は、宋の曹太后の弟だが、権勢を笠に威張ることを嫌い、山中に隠遁し修行に明け暮れました。

そこへ、呂洞賓と鍾離権がやってきて、何を修行しているのかと問います。曹国舅は黙って天を差しました。「その天はどこにあるのか」と問われたので、曹国舅は自分の胸を指した。

鍾離権と呂洞賓は笑って「心即ち天、天即ち道と言うわけだな」と言い、「お前はすでに自分の面目を自得している」と感心して、神仙の仲間に加えたといわれています。

鍾離権《しょうりけん》

鍾離権は、漢晋に仕え、さらに武帝に従っていた時、兵を率いて戦ったが破れ、一人山中に逃げ込みました。その山中で東華帝《とうかてい》に救われて教化を受けました。自らも神仙の法や金丹錬金法、悪鬼悪霊を退治する青龍の剣法を学び、さまざまな秘文秘法の仙術を身につけて、これらを愛弟子呂洞賓に授けたことでも知られています。

韓湘子《かんしょうし》

韓湘子は、唐の文豪退之《たいし》の外甥で、青年時代は放蕩者でした。二十歳の頃に突然、行方不明となりましたが、暫くして帰ってきました。見るとぼろを身につけ、振る舞いも普通ではありませんでした。

そして、私のできることは「草の花を咲かせることだ」と言って、盆に土を盛り、牡丹を植えると、直ぐに花を咲かせたり、様々な予言をして当てるなど仙気を発揮したといいます。

藍采和《らんさいわ》

藍采和は、いつも破れた紺色の長い衣に黒木の皮を腰帯代わりに巻き、片足に靴を履き、片方は裸足でした。何時も大きな柏板《はくはん》を持って狂人みたいに歌って、縄に通した銭が落ちても気にせず、その銭を貧しい人々にやったりしました。

ある日酒屋で飲んでいると、どこからともなく笙《しょう》の音が聞こえてきました。それを聞くと、突然立ち上がり、舞い降りてきた鶴に乗って、昇天していきました。

李鉄拐《りてっかい》

李鉄拐は西王母の教えを受けて東華《とうか》教徒となって、魂を遊離させていたところ、誤まって身体を処分されてしまいました。

そのため、李鉄拐は足が不自由でみすぼらしい姿となってしまいました。人々は片足姿を馬鹿にしたので李鉄拐は杖を投げた。その杖は、龍となって李鉄拐の足元に降りてきたので、李鉄拐はその龍に乗って、どこかへ飛んでいったという。

張果老《ちょうかろう》

張果老は、いつも白い驢馬《ろば》に乗っていました。その驢馬は一日数万里を歩けたが、不要なときには、小さく折って小箱に入れることができました。乗る時は、水を吹きかけると直ぐに驢馬になりました。

玄宗《げんそう》皇帝と会見し、様ざまな仙術を披露したという。

自称数百歳といったが、張果老は不老不死の術を得た白い蝙《こう》蝠《もり》の精であったという人もいました。

何仙姑《かせんこ》

何仙姑は、八仙人中唯一人の女仙人。一四、五歳の時ある仙人から、雲母《うんも》粉を食べると体が軽くなり、不死身になると教えられ、その通りにすると、体が軽くなり、山や谷を飛ぶことができるようになりました。これが則天武后《そくてんぶこう》に知られて、お招きを受け、都へ上がることになりました。

その途中、突然、五色の雲が現れて、何仙姑はその中に消えて行きました。七百五十五年もたった後、ある人が、その娘が仙人麻姑の側にいたのを見たと言っていたといいます。

一休宗純

破戒、風狂の一生を送り、数々の金言や狂歌などを残して、誰からも愛され慕われた一休さんは、京都の由緒ある大徳寺の大禅師です。

その出生は、後小松天皇のご落胤とも言われています。幼名を千菊丸といい、母は内裏に仕えて、天皇の寵愛をうけて懐妊していました。ところが妬んだ者の中傷、ざん言にあって、宮中から退けられて、隠れ家で千菊丸を生みました。

こうした境遇で生まれた千菊丸は、幼くして寺の小僧に預けられましたが、師の御坊を頓知でへこませたりしました。

一七歳のとき師事した宗為禅師から「宗」の一字が与えられて「宗純」と名乗りました。二十歳になって華叟禅師のもとで修業を続けて、「一休」の号を与えられて「一休宗純」となりました。

この後一休さんは、禅師を証明する印可を棄て、栄誉も名も捨てて、自在の境地に身を託し、遊行と放浪に転じて一休さんと親しまれる数々の足跡を残しました。

一休さんの室町時代の世相は、〝豆からをもって豆を炒る〟という骨肉相争う混乱の、地獄のような世相がひろがっていました。僧門もまた俗界に遊んで、日夜淫楽にふける破戒僧も多くいました。

一休さんはこの世相の乱れを嘆き、憤然として大法の伝道を決意し、日々巷間に立って、人の行うべき正しい道徳の説法を続けました。

その布教は、ボロボロの破れ衣に、蓑笠を被るといった風体でした。発する言葉は、貴賤、富貴、格式、差別を嫌い、全て平等という信念で、優しくひょうきん、しかも熱烈に諭していたのでした。

時には正月の日など、墓地へ行って髑髏を拾って、青竹の杖に指して、これをかつぎ「門松や

冥途の旅の一里塚　めでたくもありめでたくもなし」と謡いながら、京都の町を平然と歩き廻りまわって、楽しい気分で歩いている人々の度肝を抜いたりの奇行もありました。その意図は、門松をくぐる数が多くなるほど、死期が近くなることを気付かせて、一日一日を大切にしなさいと教えていたのです。

　このような奇行の中で、禅宗では、邪淫、肉食等を禁じられているにもかかわらず、平然と酒も飲めば、肉食もし、遊女とも交接したりの破戒を犯していました。

　だがこのような行為をしていたのには理由があってのことでした。

　一休さんは、秩序、規範の乱れ、騒動による地獄の世を嘆き、権力や仏教界、世相にたいする痛烈な批判と反骨の精神から、わざとおこなっていたのでした。だから一休さんは、弟子に対しては、仏法の破戒行為を厳重に戒めています。

　ただ、一休さんは晩年になってから、盲目の森女についてはこよなく愛し、かれを抱きしめて、その腰間の草むらから湧き出す淫水を吸淫し、幸せに浸ったという詩を残しています。一休さんは、「純粋で清く汚れのない男女の性の交わりは清浄である」と説く、理趣経の真理に浸ったのでした。

　かくして一休さんは文明六年（一四七四）勅請を拝して、大徳寺住持となって七年後、八十八歳で生涯を閉じています。

一休さんの狂歌

鬼という恐ろしい者はどこにいる
　邪けんの人の胸に住むなり
今日ほめて明日わるくいう人の口
　泣くも笑うもうその世の中
へつらいてたのしきよりもへつらわで
　まずしき身こそこころやすけれ
うき世をばなんのへちまと思うなよ
　ぶらりとしては暮されもせじ
あら楽や虚空を家と住みなして
　心にかかる雲さえもなし
世の中は食うてくそして寝て起きて
　さてその後は死ぬばかりよ
はかなしや今朝身し人の面影は
　立つ煙の夕暮れの空
なにごともみな偽りの世なりけり
　死ぬるというもまことならねば
金銀は慈悲と情けと義理と恥
　身の一代に使うためなり
物ごとに執着せざる心こそ
　夢想無心の無住なりけり

福寿十訓

小肉多采（肉にはたっぷり野菜）

小糖多果（加糖食より果物）

小食多齟（腹八分で　よく噛み満腹）

小煩多眠（過労は衰弱のもと　熟睡で英気を養う）

小言多行（不言実行　体を働かせる）

小衣多浴（着衣は薄く　沐浴で清潔）

小塩多酢（塩分少なく　酢のもの摂取）

小怒多笑（心なごやか　笑顔で対話）

小慾多施（欲張り少なく　困ったものに愛護の手）

小車多歩（体は足から弱り　歩行で健康）

百寿の齢を
生きたくば
つるーと飲まずに
よくかめかめ

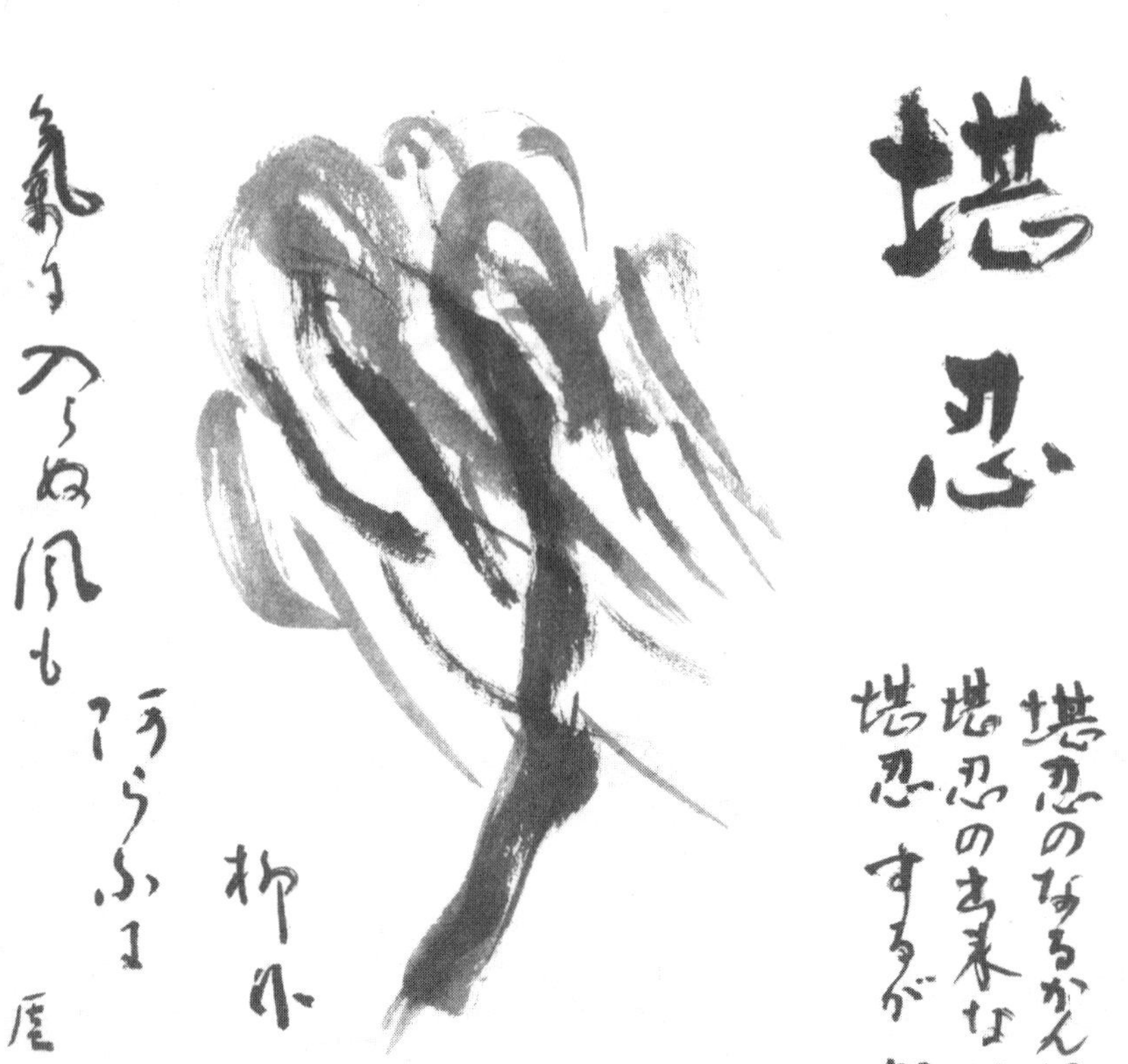

気にいらぬ　風もあろうふな　柳かな

仙厓

仙厓和尚は、寛延三年（一七五〇）美濃の国（岐阜県）の武芸村の小作人の子として生まれました。幼くして寺に預けられ、修行後、請《こ》われて博多の臨済宗聖福寺の法灯を継ぎました。

仙厓は詩をよくしたが、子どもの頃から画をかく才能があり、五十歳前後から、俄《にわか》に文章を書いても書画を描いても秀でていました。それらは無形、無様、無体でユーモアがあり、世間の注目を引いています。

天保八年（一八三七）八十七歳で遷化し、仁孝天皇より「普門円通禅師」の称号を下賜されました。

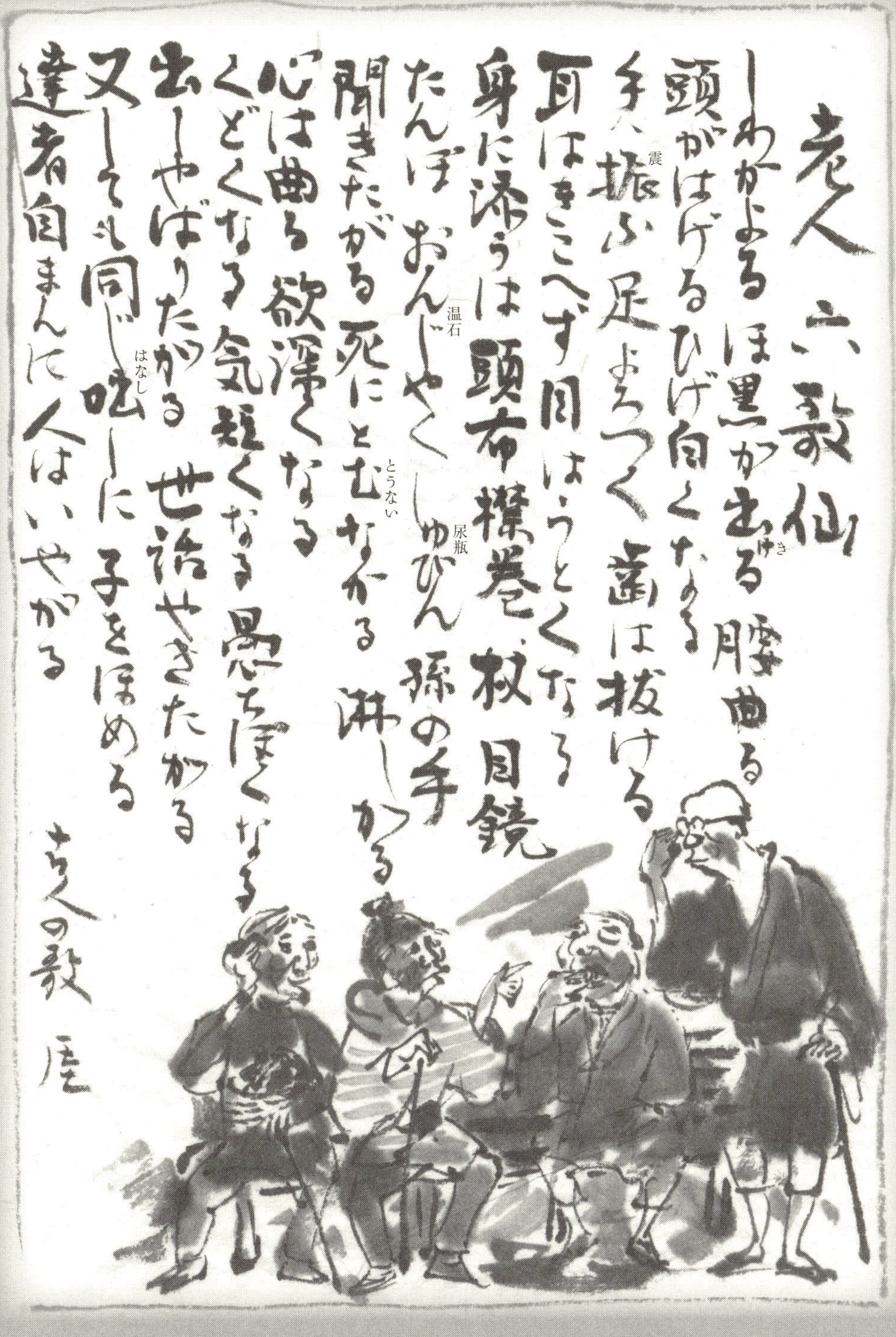

老人六歌仙
しわかよる ほ黒か出け《き》る 腰曲る
頭かはげる ひげ白くなる
手ハ振《震》ふ 足よろつく 歯は抜ける
耳はきこへす 目はうとくなる
身に添うは 頭布襟巻 杖 目鏡
たんぽ おんじゃく《温石》 しゅびん《尿瓶》 孫の手
聞きたがる 死にとむ《とうない》なかる 淋しかる
心は曲る 欲深くなる
くどくなる 気短くなる 愚ちぽくなる
出しゃばりたかる 世話やきたかる
又しても 同じ咄《はなし》に 子をほめる
達者自まんに 人はいやがる

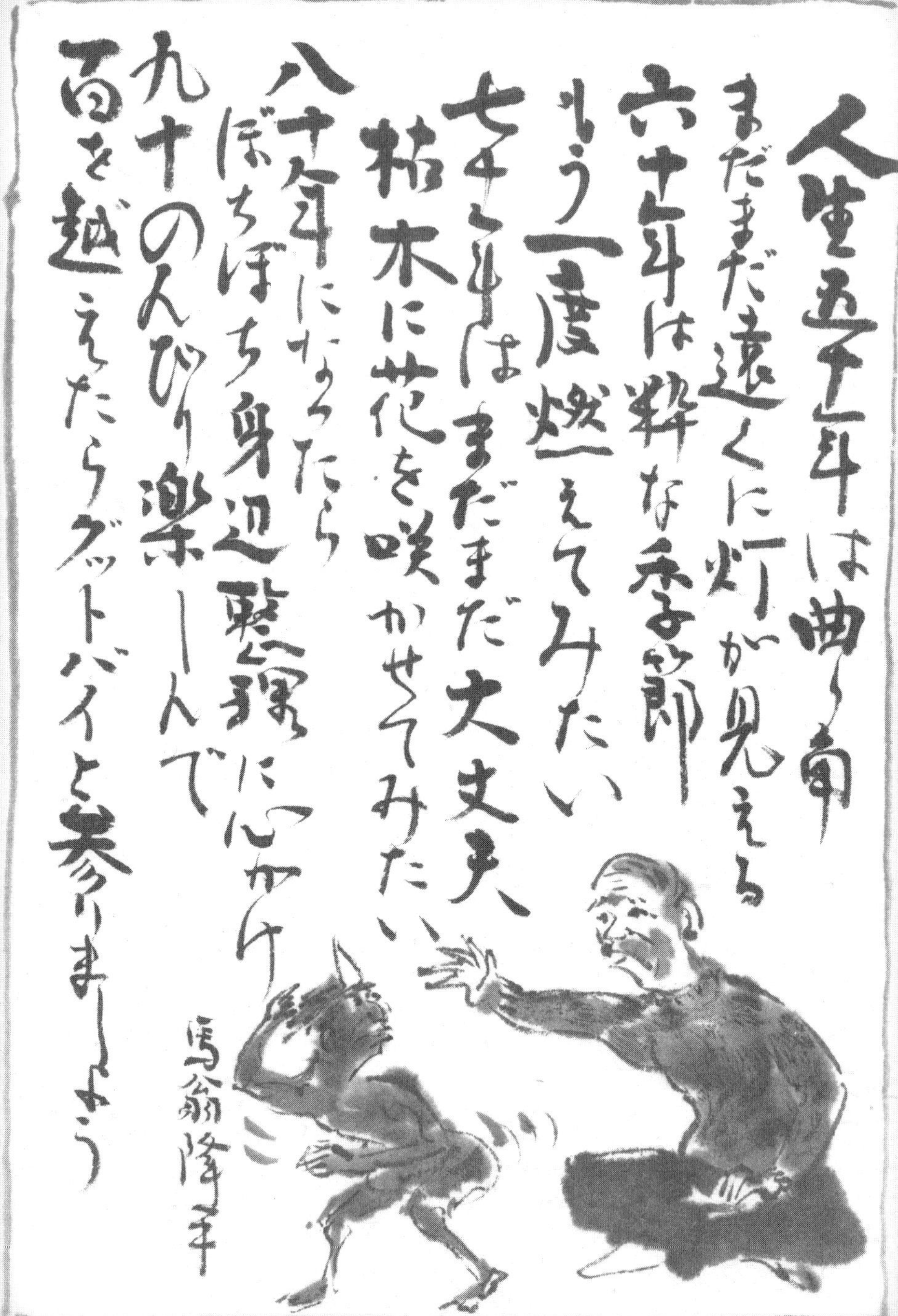
人生五十年は曲り角
まだまだ遠くに灯りが見える
六十年は粋な季節
もう一度燃えてみたい
七十才はまだまだ大丈夫
枯木に花を咲かせてみたい
八十年になったら
ぼちぼち身辺整理に心かけ
九十のんびり楽しんで
百を越えたらグッドバイと参りましょう
馬翁隆平

あとがき

人は、誰もが幸運を望んで生きています。けれど人の一生は生まれながらにして、運命がきまっているとか、宿命を背負っているものだ、などと言われています。

たしかに運勢の風がかすかに吾が眼前をいつもの通り過ぎていきますが、声をかけなければ無情にも振り向いてはくれません。何とか留める手立てはないものかと思案に悩むところです。

そもそも運とは一体何ぞや、と考えてみると、運という字は、軍としんにゅうの合わせ字です。しんにゅうは「行く、走る」という意味で、軍は「戦う勝敗」のことですから、勝敗を決して争うと解されます。つまり運勢をつかむためには、積極性が強く求められているようです。

天は、生きとして生きるものに、等しく精気と光を与えてくれています。と同時に生老病死をまっとうする生命力を培うことも課しています。

この地球上には、数限りない生き物であふれています。だから、生き物は種の保存のため、植物は植物なりに、動物は動物なりに厳しい争いを生じています。つまり、弱肉強食の世界を展開させているのです。

人類史をみても有史以来、争いの歴史を続けてきました。まさに強者が弱者を支配、服従させる弱肉強食の世界です。

人間社会もこうした競争社会ですが、人間は文化を持った生き物なので、環境に適応するために進化し、複雑な状況下にあっても、有史以来築かれてきた叡智によって共存をはかり、核開発で地球が滅亡する危機的な今日の時代にあっても相互依存と敵対の関係を克服してきています。

現代という時代は、かつてないグローバルな社会現象と科学技術の進歩によって、目まぐるしく変転し続けています。人々のものの考え方や価値観が揺らいでいるなかで、こうした激動の世相に翻弄《ほんろう》されて、自分の寄って立つ立場を失いおろおろしている方もいるようです。

しかし、科学技術が進歩し、グローバルな社会現象が世界各国の国柄や習俗、風俗、習慣、規範を攪乱し、席巻したとしても、人間の情や機微にかかわることは変わることはありえません。

人それぞれの禍福は往々にして、その人の性格と人間関係に由来することが多いと言えます。「人間は葦のような社会にいきている」との喩《たと》えもありますように、大都会に人々が密生し過ぎた社会はぎすぎすしていて摩擦の絶えない社会になっています。

こうした社会の中で、うまく生きていく方法はないものかという想いから、人生観の指針について、運を開かれてきた先人の「教訓」や、「処世語録」などを探り、その中から選択した戒語の至言の一つ一つに、イメージ付けの挿絵を入れて、「世渡り戒語」として構成したものがこの本なのです。

ただしこの中の「達磨の杖言葉」は禅語や一般的な格言などの生語を組み入れたもので、達磨の言ではありません。達磨とは「透徹した高僧」の尊称ですので、これに因《ちな》んで達磨の名を借用したものです。

そのほかについては文献から選んだ教訓であり、いずれも真理を究めたもので、読者の内省に入り込み、活眼の思いに誘われるものばかりです。

また後半では、やがてたどる道である加齢について、その心得の参考ともなる教えを編成したものです。

現代に生きる人たちは、あまりにも多忙で、先のことを考える暇なく過ごしています。そしてある時、しばらくぶりに会った知人の、加齢で変わり果てた姿をみて、己の体力の変化と行く末を漠然と気付かされます。

人は、現役を離脱すると、周囲の風向きが変わります。今までの順風は、歳を増すごとに冷風になります。そればかりか、思いもよらないことに遭遇します。いとしい人との別れもあり、信頼していた人から素知らぬ顔をされたり、まわりの者に相手にされなくなります。そして体力と意識の減退が世間との疎外感をいっそう募らせて、むなしさが一汐身に滲《し》みるものです。

このことは富豪であろうと、高位の学者であろうと心情は同じです。

かつて老人と親は大事にされる存在でした。今は弱者にたいする扶助は、社会全体の責任という倫理感が幅をきかせていて、「孝は百行の本」、「親と火の用心は灰にならぬうち」といった言葉はどこかに雲散霧消してしまいました。

だが待てよ。この世はみんなで創ってきたものです。世の変化を嘆いていては名がすたります。人生後半も自負心と気力を失わず、堂々と胸を張っていくことに誰に憚ることはありません。

加齢は、時計の針のように進んでいきますが、人の心身は気持ちの持ち方、日々の過ごし方次第でいままでの精神の在り様を保つことができます。已の立場をわきまえて、堪忍していくことによって、これからの余生を生き抜くことができるのではないでしょうか。

人生は天から授けられものです。その誕生は何億という精子の競争に勝って、一番乗りで母体に突入し、人となって、この世に生まれた希少価値を持つ尊い生命です。このことを深く認識して、美しく天命を全うしなければならないのは当然でしょう。

この本はこうした思いから、編纂したものですが、読者の心と身体の糧ともなれば幸いと祈願するものです。

この本が出版されるにあたり、今回も批評社のみなさんに大変お世話になりました。深く感謝申し上げる次第です。

二〇一六年九月

著者識

著者紹介

本堂 清(ほんどう・きよし)

1931年、土浦市生まれ。

幼少時から画の世界には魅力を感じて、油絵画家になったが、小川芋銭の画風に魅力を感じて、郷土の風景画や歴史・民俗・風俗画に関心を持ち始め、本格的に水墨画、水彩画にも打ち込んでいる。

地元の新治(にいはり)地方には、古代、中世以来の貴重な遺跡、文化財が数多く残され、地域に根付いた伝承や祭り、民俗芸能が息づいている。その宝庫に分け入って、古老から聞き取りをはじめ、精力的なフィールドワークによって考古学・文献史学、民俗学の分野を渉猟して膨大な資料を収集して後学のための記録保存に努めている。

土浦・石岡地方社会教育センター所長、土浦市文化財審議委員、茨城県郷土文化振興財団理事を歴任。洋画団体社団法人東光会会員参与審、元日展会友、元全国水墨画協会理事、茨城県美術団体功労者賞受賞。

著書として、『河童物語』(批評社)、『山の荘物語』(私家版)、『土浦物語』『土浦町内ものがたり』(以上、常陽新聞社)、『私本常陸太平記』(筑波書林)、『新治物語』(「にいはりの昔を知り今に活かす会」)、『清空さんの水墨画――百題百話』『清空さんの達磨百態画』(以上、秀作社)、『清空の水墨画描き留め集――油絵と水墨画教室』(清明会) ほか多数。

開運・長寿のための

戒語・金言・名句集

2017年1月10日 初版第1刷発行

画・文……本堂 清

装幀挿し絵……本堂 清

装幀……臼井新太郎

発行所……批評社

〒113-0033 東京都文京区本郷1-28-36 鳳明ビル102A
Tel. 03-3813-6344 Fax. 03-3813-8990
e-mail book@hihyosya.co.jp
ホームページ http://hihyosya.co.jp

組版……字打屋

印刷所……モリモト印刷㈱

製本所……㈱越後堂製本

乱丁本・落丁本は小社宛お送り下さい。送料小社負担にて、至急お取り替えいたします。

ISBN978-4-8265-0652-6 C0012

河童物語

本堂 清【画・文】

河童・カッパ・かっぱの不思議な世界のものがたり

人々は、古来から自然界の不思議な異変現象や畏怖の体験から、さまざまな想像上の禽獣、妖怪、守護神を数限りなく生み出してきた。なかでも、吉祥祈願のための龍や鳳凰、河童は、人間生活に根強く溶け込んでいる。
～先人が河童や龍の存在を想像力によって育んできたのは、異端な存在や異質なものとの共生を大切にしていたからに違いない。これらの妖怪は、驕り高ぶる人間を戒めるために、また自然界への畏怖の念を忘れさせないために、異界に生きる生物を具象化したものではないだろうか。（「はじめに」より）
いまあらためて河童を見つめなおす。

百点余りの図画を収録した
フルカラー本

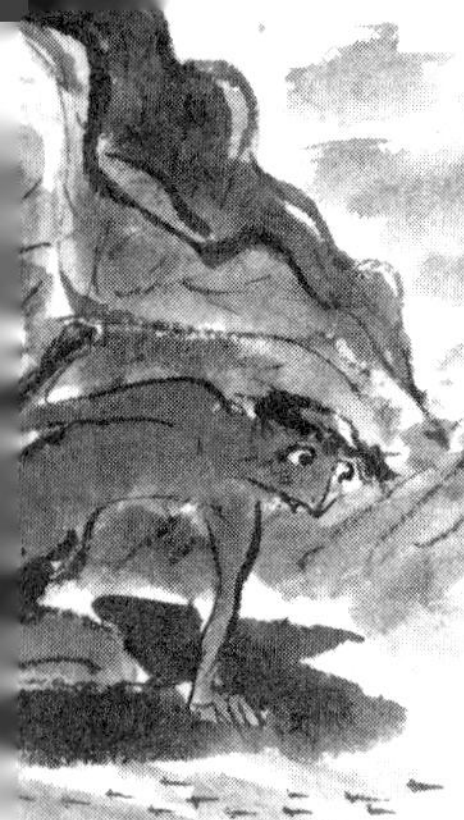

◆A5判並製184P／本体2000円

【目次】